K. E. Kaminski · 100 Jahre Geschichte des Nord-Ostsee-Kanals

K. E. Kaminski

100 Jahre Geschichte des Nord-Ostsee-Kanals

Von der Grundsteinlegung bis zur Neuzeit

1887 – 1987

Verlag
Heinrich Möller Söhne GmbH & Co. KG

ISBN: 3-87550-076-8

Lithos: Nordklischee KG, Rendsburg
Layout: Jens Sandleben
Gesamtherstellung:
Druckhaus Heinrich Möller Söhne
GmbH & Co. KG, Rendsburg

Quellen: Prager und Ostersehlte: Dampfeisbrecher „Stettin", seine Vorgänger und Nachfolger. – H. G. Prager, Verlag, Lübeck. Prager: Panzerschiff „Deutschland"/Schwerer Kreuzer „Lützow" – aus Schiffahrt international, Kiel 1981, Heft 5. Simsa: Ein Rückblick auf den Typ des Rotorschiffes – aus Schiffahrt international, Kiel 1984, Heft 7.

Bilder: Wasser- und Schiffahrtsverwaltung, Kiel (2); Wasser- und Schiffahrtsamt, Brunsbüttel (2) – Freigabe-Nr. SH 424; Lotsenbrüderschaft NOK 2, Holtenau (1); Wrackmuseum Cuxhaven (1); K. H. Freiwald, Rendsburg (3);

Ein Dankeschön auch denen, die Fotos für Repros zur Verfügung stellten.

Inhaltsverzeichnis

Einleitung

Nach dem 1980 und 1981 in drei Auflagen herausgegebenen Buch „Die Geschichte des Kaiser-Wilhelm-Kanals von 1887 bis 1914“ ist mir immer wieder die Frage nach einer Fortsetzung der „Kanalgeschichte“ gestellt worden. In der gewünschten Form und dem Aufbau war es aus folgenden Gründen nicht möglich:

Während des Ersten Weltkrieges von 1914/18 war der Kanal militärisches Sperrgebiet, das Fotografieren stand unter strenger Strafe, besondere Begebenheiten gelangten nicht in die Presse, die internationale Schiffahrt war nur sehr gering. So vergingen fast sechs Jahre, ohne daß darüber etwas geschrieben werden kann. Eine Fortsetzung der „Geschichte des Kaiser-Wilhelm-Kanals“ hätte sich zum größten Teil auf Zahlen und Statistiken über Verkehrsaufkommen beschränken müssen, Zahlen und Daten, die, wie die Erfahrung lehrt, nur einen kleinen Kreis besonders Interessierter ansprechen.

So waren die zwanziger Jahre und danach die Zeit bis zum Ausbruch des Zweiten Weltkrieges geprägt vom Leben auf und an einer Wasserstraße zwischen Nord- und Ostsee, das zum alltäglichen Bild gehörte.

In den Kriegsjahren von September 1939 bis Mai 1945 war der Kanal wieder militärisches Sperrgebiet, so daß es auch über diese Zeit nichts zu berichten gibt.

Durch die Hauptverwaltung Seeverkehr des Vereinigten Wirtschaftsgebietes – eine Bundesrepublik gab es noch nicht – erfolgte 1946 die Umbenennung des Kaiser-Wilhelm-Kanals in Nord-Ostsee-Kanal (NOK), in den Namen, unter dem er gebaut wurde.

Der Aufwärtstrend begann etwa 1950. Ein Rekordjahr der Schiffspassagen in beiden Richtungen war 1964 mit 82 792 Durchfahrten (ohne Sportfahrzeuge). 52 Jahre vordem, 1912, durchfuhren 57 366 Schiffe den Kanal.

Die Aufwärtsentwicklung zog eine rapide Entwicklung der Schiffstypen nach sich. Motore und ölbeheizte Kessel drängten die Schiffe mit Kohlefeuerung immer mehr zurück. An beiden Ufern des Nord-Ostsee-Kanals siedelten sich Ölbunkerstationen und andere Versorgungs- und Dienstleistungsbetriebe an, die Industrie folgte. So veränderte die neue Zeit das Bild am und auf dem Kanal völlig; die vielen Rauchfahnen der „Kohledampfer“ gehören seit langem der Vergangenheit an.

100 Jahre Nord-Ostsee-Kanal, Geschichte in Bildern festgehalten. Von der Grundsteinlegung 1887 bis zur Einweihung 1895 und danach die Erweiterungsarbeiten von 1907 bis 1914, das war die große Zeit der engagierten Berufsfotografen wie Thomas Backens, Marne; Breuer, Hamburg; Schäfer, Kiel; Sander, Brunsbüttel, um nur einige zu nennen. Sie alle haben das Einmalige, das Große des Jahrhundertbauwerks in eindrucksvollen Bildern der Nachwelt überliefert. Mit ihren großen, unhandlichen Kameras verfolgten diese Männer das Baugeschehen ebenso, wie später die prunkvollen Tage der Einweihungsfeiern, hielten die Schiffe der Kaiserlichen Marine im Bild fest, wie auch Menschen ihrer Zeit.

Um die vorliegende Arbeit als einen geschlossenen Fotoband zu bringen, ließ es sich nicht vermeiden, einen Teil der Originalbilder und der Repros aus der „Geschichte des Kaiser-Wilhelm-Kanals von 1887–1914“ einzufügen. Aus gleichem Grund sind die Kanalreeden mit einbezogen worden.

Viele Amateuraufnahmen aus einer Zeit vor 60 und mehr Jahren, gefunden in alten Erinnerungsalben, wurden für Repros verwendet; daß ihre Qualität nicht immer kritischen Augen standhält, wird durch ihren Wert als Dokument einer vergangenen Zeit aufgewogen.

Die stärkere Berücksichtigung des westlichen Bereichs des Nord-Ostsee-Kanals beruht darauf, daß umfangreiches Bildmaterial vorhanden ist, zum anderen ist ein großer Teil der Einrichtungen und Anlagen auf der Oststrecke gleich oder ähnlich, so daß es zu Wiederholungen oder Überschneidungen kommen würde.

Männer, mit dem

Kaiser Wilhelm I., geboren am 22. März 1779, gestorben am 9. März 1888.
Am 3. Juni 1887 legte der neunzigjährige Kaiser in Kiel-Holtenau den Grundstein zum Bau des Nord-Ostsee-Kanals.

Fürst Otto von Bismarck, geboren am 1. April 1815, gestorben am 30. Juli 1898.
Erster Reichskanzler, einer der genialsten Diplomaten und Politiker seiner Zeit. Gegen eine starke Gegnerschaft im Kabinett setzte Bismarck den Bau des Nord-Ostsee-Kanals durch. Seinen Plan, den Kanal durch Niedersachsen bis zur Jade weiterzuführen, konnte er nicht verwirklichen. Im März 1890 wurde Bismarck ultimativ nahegelegt, seinen Abschied zu nehmen.

Kaiser Wilhelm II., geboren am 27. Januar 1859, gestorben am 4. Juni 1941 im Exil in Doorn (Niederlande). Sein Vater, Kaiser Friedrich III., geboren am 19. Oktober 1831, Nachfolger Wilhelms I., starb an einem Kehlkopfleiden am 15. Juni 1888 nach einer Regierungszeit von nur etwa drei Monaten (90-Tage-Kaiser).

Generalfeldmarschall Graf Helmuth von Moltke, geboren am 26. Oktober 1800, gestorben am 24. April 1891.
Moltke stand in vorderster Linie der Kanalbaugegner. Er hielt es für strategisch wichtiger, je eine Kriegsflotte für die Ostsee und die Nordsee zu bauen; denn im Kriegsfalle sei eine Armee Soldaten erforderlich, um den Nord-Ostsee-Kanal zu schützen.

Nord-Ostsee-Kanal eng verbunden

J. Fülscher, Königlich Preußischer Geheimer Baurat, Dr.-Ing. h. c., geboren am 28. Oktober 1831, gestorben am 20. Juni 1915.

H. Dahlström, geboren am 20. April 1840, gestorben am 6. Mai 1922.
Der Hamburger Schiffsreeder und Kaufmann vereinte in sich hanseatische Geschäftstüchtigkeit und maritimes Denken. Seinen Plan, einen leistungsfähigen Kanal von der Ostsee zur Nordsee zu bauen, konnte er zwar nicht verwirklichen, doch die von ihm selbst erarbeiteten Unterlagen wurden vom Deutschen Reich angekauft und waren die Grundlagen für den Bau der Wasserstraße.

O. Baensch, Geheimer Oberbaurat, geboren am 6. Juni 1825, gestorben am 7. April 1898. In einer Verordnung Kaiser Wilhelms I. vom 17. Juli 1886 heißt es unter anderem: „Für die Herstellung des Nord-Ostsee-Kanals wird eine dem Reichsamt des Innern unmittelbar untergeordnete besondere Commission unter der Bezeichnung ‚Kaiserliche Kanal-Commission' errichtet . . ." – An deren Spitze stand, aus dem Preußischen Innenministerium kommend, der Geheime Regierungsrat C. Loewe. Sein technischer Mitdirigent war Fülscher. „Geistiger Vater" des Plan-Entwurfs war Baensch, technischer Referent im Reichsministerium des Innern.

¹ Reichsgesetzblatt (RGBl) 1886, S. 58
² Reichsgesetzblatt (RGBl) 1886, S. 233

Vorgeschichte

Nichts verdeutlicht die Lage des nördlichsten Bundeslandes so sehr, wie die erste Zeile des 1846 von Chemnitz geschriebenen Kampfliedes seiner Bevölkerung:
„Schleswig-Holstein meerumschlungen ...".
Land zwischen den Meeren mit Küsten, die in ihrer Struktur grundverschieden sind. An der Nordseeküste mit ihren weit vorgelagerten Watten und Inseln, mit ihren großen Tideunterschieden, durch hohe Deiche vor Sturmfluten geschützt, boten nur einige Flußmündungen bedingt Sicherheit, Handelsgüter von See kommend, über Land weiterzubefördern.

Der Weg von der Nordsee durch das Skagerrak in die Ostsee aber war für die zu der Zeit noch seebeherrschenden Segelschiffe mit größten Gefahren verbunden. Noch im 19. Jahrhundert, von 1858/95 kam es auf der Skagenroute zu 6316 Schiffsunfällen.
Völlig anders dagegen die Ostseeküste. Weit ins Land verlaufende Förden und ausgedehnte Buchten bieten den Schiffen Sicherheit und Schutz. So entstanden bereits vor mehr als einem Jahrtausend an der Ostsee Häfen und Handelsplätze, von denen Haithabu an einer kleinen Bucht in der Nähe der heutigen Stadt Schleswig gelegen, wohl die bedeutendste war und im 8. und 9. Jahrhundert seine Blütezeit hatte. Von Haithabu gelangten die Güter über den Landweg an die Treene zu dem Handelsplatz Hollingstedt, um dann über die Eider die Nordsee zu erreichen; von dort kommende Güter gingen den umgekehrten Weg.
Kleinere Schiffe sollen auf der nur etwa 16 Kilometer breiten Landenge zwischen Treene und Eider, auf Baumstämmen gelagert, über Land gerollt worden sein.
Mit der zunehmenden Entwicklung Europas, die zwangsläufig eine verstärkte Ausweitung des Handels nach sich zog, entstand in den folgenden Jahrhunderten eine Vielzahl von Plänen mit dem Endziel, einen leistungsfähigen Wasserweg zwischen der Nord- und der Ostsee zu bauen. In erster Linie standen dabei Dänenkönige und holsteinische Herzöge. König Christian VII. von Dänemark baute in der Zeit von 1777 bis 1784 den Schleswig-Holsteinischen Kanal, von

(Nr. 1637.) Gesetz, betreffend die Herstellung des Nord-Ostseekanals. Vom 16. März 1886.

Wir Wilhelm, von Gottes Gnaden Deutscher Kaiser, König von Preußen rc.

verordnen im Namen des Reichs, nach erfolgter Zustimmung des Bundesraths und des Reichstags, was folgt:

§. 1.

Es wird ein für die Benutzung durch die deutsche Kriegsflotte geeigneter Seeschiffahrtskanal von der Elbmündung über Rendsburg nach der Kieler Bucht unter der Voraussetzung hergestellt, daß Preußen zu den auf 156 000 000 Mark veranschlagten Gesammtherstellungskosten desselben den Betrag von 50 000 000 Mark im Voraus gewährt.

§. 2.

Der Reichskanzler wird ermächtigt, die Mittel zur Deckung der vom Reich zu bestreitenden Kosten bis zum Betrage von 106 000 000 Mark im Wege des ...dits zu beschaffen und zu diesem Zweck eine verzinsliche, nach den Bestimmungen Gesetzes vom 19. Juni 1868 (Bundes-Gesetzbl. S. 339) zu verwaltende aufzunehmen und Schatzanweisungen auszugeben.

... Bestimmungen in den §§. 2 bis 5 des Gesetzes vom 27. Januar ...etreffend die Aufnahme einer Anleihe für die Zwecke der Marine- und ...benverwaltung (Reichs-Gesetzbl. S. 18), finden auch auf die nach dem ...genwärtigen Gesetze aufzunehmende Anleihe und auszugebenden Schatzanweisungen Anwendung.

§. 3.

Von den nicht zur Kaiserlichen Marine und zur Bauverwaltung gehörigen Schiffen, welche den Kanal benutzen, ist eine entsprechende Abgabe zu entrichten. Die Festsetzung des hierfür zu erlassenden Tarifs wird weiterer gesetzlicher Regelung vorbehalten.

Bis zum Ablauf des ersten Jahres nach Inbetriebsetzung der ganzen Kanalstrecke wird dem Kaiser im Einvernehmen mit dem Bundesrath die Festsetzung des Tarifs überlassen.

§. 4.

Die vom Reich auf Grund dieses Gesetzes alljährlich zu verwendenden Beträge sind in den Reichshaushalts-Etat des betreffenden Jahres aufzunehmen.

Urkundlich unter Unserer Höchsteigenhändigen Unterschrift und beigedrucktem Kaiserlichen Insiegel.

Gegeben Berlin, den 16. März 1886.

(L. S.) Wilhelm.

Fürst von Bismarck.

Durch das am 16. März 1886 angenommene Gesetz stand dem Beginn des Jahrhundertbauwerks nichts mehr im Wege. Intensive Vorarbeiten lagen vor der Kanalkommission, die ihre schwierigen Aufgaben in weniger als 15 Monaten löste. Am 3. Juni 1887 vollzog der neunzigjährige Kaiser Wilhelm I. in Kiel-Holtenau die Grundsteinlegung zum Bau des Nord-Ostsee-Kanals. Verhandlungen über Grunderwerb, ungünstige Bodenverhältnisse besonders im westlichen Bauabschnitt, die neue Planungen erforderlich machten, zögerten den Beginn der großen Erdarbeiten bis zum Frühjahr 1888 hinaus. Dann aber begann das gigantische Werk, das in der Welt Bewunderung hervorrief.

den Dänen Eiderkanal genannt, mit der Linienführung Kiel-Holtenau, Obereiderseen, Rendsburg. Von hier aus konnten die Schiffe über die Untereider an Friedrichstadt und Tönning vorbei die Nordsee erreichen. Dieser Kanal konnte nur von kleinen Schiffen befahren werden, die segelten. Bei Flaute oder ungünstigen Windverhältnissen mußten sie von ihren Besatzungen getreidelt oder von Pferden geschleppt werden. Die Höhenunterschiede auf der Kanal-

strecke mußten mit insgesamt sechs Schleusen mit Hubhöhen von zum Teil über zweieinhalb Metern überwunden werden.
Der Schleswig-Holsteinische Kanal entsprach offenbar nicht den Erwartungen; denn in den folgenden Jahrzehnten entstanden immer wieder neue Pläne, eine Wasserstraße von der Ostsee zur Nordsee zu bauen, die auch von großen Schiffen befahren werden konnte.
1848 erhoben sich die deutschen Schleswig-Holsteiner gegen Dänemark. Zwei Jahre später, 1850, wurde die Erhebung niedergeschlagen, und damit geriet auch ein neuer, deutscher Bauplan für einen leistungsfähigeren Wasserweg in Vergessenheit.
Der Krieg 1864, in dem Preußen und Österreich gegen Dänemark standen und mit dessen Niederlage endete, hatte zur Folge, daß Schleswig und Holstein aus dem dänischen Staatsverband gelöst wurden. Zwistigkeiten zwischen den ehemaligen Waffenbrüdern führten 1866 zu einem Krieg, in dem Österreich unterlag. Schleswig-Holstein wurde eine preußische Provinz.
Alte Kanalbaupläne tauchten wieder auf, neue wurden in Auftrag gegeben. Die preußische Regierung beauftragte bereits 1864 den Geheimen Oberbaurat Lentze mit der Aufgabe, eine geeignete Linienführung für eine Wasserstraße zwischen Nord- und Ostsee zu finden, die von der Handels- und auch der Kriegsmarine befahren werden konnte. Der großzügige Plan von Lentze kam aber nicht zur Durchführung.
Bahnbrechend war der Hamburger Schiffsreeder Hermann Dahlström, dessen Plan lebhaftes Interesse bei Bismarck fand. 1880 erhielt er die Erlaubnis zum Beginn der planerischen Vorarbeiten. Nach dem siegreich beendeten Deutsch-Französischen Krieg 1870/71 entstand das Deutsche Kaiserreich. Bismarck hatte im Kabinett gegen eine breite Kanalgegnerschaft, in vorderster Linie Generalfeldmarschall Moltke, zu kämpfen, der sich dafür einsetzte, anstelle des Kanals je eine Kriegsflotte für die Nord- und die Ostsee zu bauen. Bismarck konnte sich aber durchsetzen, Dahlström aber, zugleich ein nüchtern rechnender Kaufmann, konnte seinen Plan, die Wasserstraße durch eine private Aktiengesellschaft mit der Beteiligung von Preußen und des Deutschen Reiches zu bauen, nicht verwirklichen. Die Bauunterlagen wurden von der Reichsregierung für 50 000 Goldmark angekauft und das Projekt in eigene Regie genommen. Preußen beteiligte sich mit einem Drittel der Kosten.

Der erste Spatenstich. Nach einer Federzeichnung von A. Lohse. – Motive vom alten Eiderkanal. Auf dem Transparent die Kanallinie von Brunsbüttel nach Kiel-Holtenau (Original in der Schleswig-Holsteinischen Landesbibliothek).

Ein Jahrhundertbauwerk entsteht

Kanalbau! – Wie ein Magnet zog dieses Wort Männer aus allen Teilen des Deutschen Reiches an, vorwiegend aus ostpreußischen, schlesischen und oberschlesischen Gebieten. Doch sie kamen auch aus Polen, Rußland, Italien und den nordischen Ländern nach Schleswig-Holstein, um beim Bau des Nord-Ostsee-Kanals beschäftigt zu werden. Es waren Männer, die ihre Heimat verließen, um mehr Geld zu verdienen. Besonders die Erdarbeiter, vorwiegend aus der Landwirtschaft, waren hart, kräftig und ausdauernd. Sie kannten sich aus mit Schaufel und Spaten. Bis zu zwölf Stunden täglich, nur unterbrochen von einer halbstündigen Mittagspause, führten diese Männer bei einem Stundenlohn von 28 bis 32 Pfennig ihre schwere Arbeit aus.

In Holzbaracken, zum größten Teil in Gemeinschaftsanlagen untergebracht, zahlten sie für Wohnung, Heizung, Beleuchtung, Morgenkaffee und Mittagessen 65 Pfennig je Tag. Reinigung der Wäsche, der Unterkünfte und die Bedienung waren unentgeltlich; die Kosten dafür wurden durch einen geringen

Am 3. Juni 1887 legte der neunzigjährige Kaiser Wilhelm I. in Kiel-Holtenau den Grundstein zum Bau des Nord-Ostsee-Kanals.

Aufschlag auf den Selbstkostenpreis der in den Kantinen zum Verkauf angebotenen Lebens- und Genußmittel und allgemeinen Gebrauchsgegenstände aufgebracht. Der tägliche Lebensunterhalt kostete zu der Zeit etwa 1,20 Mark.
Ein Viertelpfund Wurst kostete 15 Pfennig, eine Flasche Braunbier (0,75 l) kostete 8 Pfennig, eine Flasche Lagerbier (0,3 l) 9 Pfennig, ein Liter gereinigter Branntwein (35 Vol.-%) 80 Pfennig. Wer sparsam lebte, konnte von seinem Lohn etwas „auf die hohe Kante" legen. Es gab aber nicht wenige, die sich außer dem Mittagessen, zu dem jeder verpflichtet war, mit trockenem Brot und Hering begnügten, um genug Geld für Bier und Branntwein zu haben.
Die ärztliche Betreuung war gut. Die Cholera in Hamburg im Jahre 1892 zog strenge Vorschriften für den Zuzug von Arbeitern nach sich, so daß die Seuche nur in Einzelfällen auftrat.

Besonders hart war die Arbeit auf den Kippen, den Ablagerungsflächen der ausgehobenen Erde. Hier standen nur ausgesprochen kräftige Männer, die höheren Lohn bekamen. Die dickwandigen hölzernen Wagenkästen mußten mit Stangen in die Kipplage gebracht werden.

Zu Hunderten standen die Männer im Schacht, ein buntes Völkergemisch, und über allen standen die Schachtmeister. Das waren häufig „Hackenbeißer" – Antreiber –, die den Arbeitern das Leben noch unnötig schwermachten.

Sehr schwierig war der Kanalbau auf der Weststrecke, in der Elbmarsch. Der Kanalquerschnitt verläuft hier in einer Tiefe bis zur Sohle durch weiche Bodenschichten, die über dem alten Meeresboden abgelagert sind. Die Niederungen liegen hier tiefer als der spätere Kanalwasserspiegel. Um für die Böschungen und Deiche eine sichere Standfestigkeit zu erreichen, wurden breite, hohe Sanddämme aufgeschüttet, die das Moor nach oben verdrängten. Die zerklüfteten Auftreibungen erreichten Höhen von drei und mehr Metern.

Ein anderes Bild etwa 20 Kilometer weiter östlich. Hier beginnt die Geestlandschaft des Moränengürtels. Obgleich teilweise Einschnittstiefen von mehr als 20 Meter bewältigt werden mußten, ging die Arbeit durch Trokkenbagger zügig voran.

In Terrassen arbeiteten sich die Trokkenbagger bis auf die Kanalsohle vor, wie hier bei der Hochbrücke Grünental, über die bereits am 14. Dezember 1892 der erste fahrplanmäßige Zug fuhr.

In einigen Bauabschnitten mußten frühzeitig schwimmende Geräte eingesetzt werden. Der von Eimerkettenbaggern geförderte Aushub wurde in Schuten zu Elevatoren gefahren und von diesen durch Rohrleitungen auf tiefliegendes Gelände gedrückt.

In Holtenau war es möglich, das Grundwasser so weit abzusenken, daß die Schleusenbaugrube trocken betoniert werden konnte. Anders dagegen in Brunsbüttel. Weicher Boden, in dem immer wieder Quellen aufbrachen, zwang die Schleusenbauer zur Unterwasserbetonierung.

Im Westabschnitt mußte die Schleuseneinfahrt durch in die Elbe vorgeschobene Molen geschützt werden. Das Mauerwerk ruhte auf einem besonderen Pfahlrost. Betonmischmaschinen und Förderbänder kannte man noch nicht; alles war Handarbeit.

Am 4. September 1894, die Schleusentore in Brunsbüttel nach dem Einbau.

Einweihung der Elbschleusen am 27. Oktober 1894. „Großer Bahnhof" an Bord des Salondampfers „Blankenese" und des Schleppdampfers „Expedient". In Holtenau erfolgte die Einweihung bereits am 29. September.

Einweihung

Die Fertigstellung des Jahrhundertbauwerks Nord-Ostsee-Kanal und damit auch seine Einweihung rückte immer näher. Von Brunsbüttel bis Holtenau wurden die restlichen Arbeiten vorangetrieben; denn der Termin für das große Ereignis stand fest: 19. Juni 1895 Beginn in der Freien und Hansestadt Hamburg, am 22. Juni Abschluß mit einer Flottenparade auf der Kieler Förde.
Bereits am 5. Juni lief der 7131 BRT große Passagierdampfer „Palatia“ der Hapag zu einer Probefahrt durch den Kanal in die Schleuse Brunsbüttel ein, an Bord Prinzen, Fürsten, Kapitäne, Direktoren; die Spitzen der für die Eröffnungsfeier Verantwortlichen.

Mit ihrer Größe von 7131 BRT war die „Palatia“ ein Riesenschiff ihrer Zeit. Die Probefahrt am 5. Juni 1895 durch den Nord-Ostsee-Kanal in beiden Richtungen verlief ohne jede Störung.

Die Honoratioren hatten ihre Pflicht getan, die „Palatia“ zu empfangen; was lag da näher, sich mit dem Hafenkapitän zusammen für ein Erinnerungsbild vor die Kamera zu stellen.

Hamburg rüstete für den Empfang seiner etwa 500 Gäste aus aller Welt. Der 19. Juni war dann ein großer Festtag für die Elbmetropole. Im Hafen lagen am Johannisbollwerk die für das „Kaisergeschwader“ vorgesehenen Avisos und königlichen Jachten, auf der Binnenalster glänzte die mit hanseatischer Großzügigkeit gebaute, auf 750 Pfählen stehende künstliche Kaiserinsel in großem Schmuck. Von hier aus sollten der Kaiser und seine Gäste am Abend das in

In Pferdedroschken und zu Fuß strömten die Hamburger zum Hafen, um am Johannisbollwerk das „Kaisergeschwader" zu bewundern.

seiner Größe noch nie gesehene Feuerwerk beobachten.

Die Hanseaten machten alles gründlich. Der Senat erkundigte sich im Berliner Schloß sogar danach, wie die Kaiserin gekleidet sein würde; sie nahm aber nicht an der Feier teil, sondern fuhr im Sonderzug direkt nach Kiel.

Am Nachmittag des 19. Juni traf Kaiser Wilhelm II. mit seinen vier ältesten Söhnen und großem Gefolge in Hamburg ein und wurde vor dem Dammtor-Pavillon von Bürgermeister Lehmann und dem Senat empfangen.

Während sich nach Abschluß der Feierlichkeiten das „Kaisergeschwader" gegen Mitternacht elbeabwärts in Marsch setzte, brachten Sonderzüge den größten Teil der Gäste nach Brunsbüttel, wo sie im Binnenhafen von bereitliegenden großen Passagierschiffen aufgenommen wurden.

Am 20. Juni, etwa 3.30 Uhr lief „Hohenzollern" mit dem Kaiser an Bord in die Schleuse ein, um nach kurzer Liegezeit in den neuen Kanal auszulaufen. Dabei wurde eine zwischen hohen Gerüsten gespannte schwarz-weiß-rote Trosse von der kaiserlichen Jacht durchtrennt. Die Einweihung des Nord-Ostsee-Kanals war damit erfolgt.

Wie im Programm festgelegt, durchfuhr das „Kaisergeschwader" die Schleuse auf dem Weg nach Kiel-Holtenau, wobei sich die an der Kaimauer liegenden Passagierdampfer einreihten. Der türkische Aviso „Fuad" kam als Nachzügler und machte noch von sich reden.

An der Spitze des aus 24 Schiffen bestehenden „Kaisergeschwaders" traf „Hohenzollern" etwa 12.30 Uhr in der Holtenauer Schleuse ein und wurde auf der Fahrt zu ihrem Liegeplatz in der Kieler Förde mit Flaggen- und Geschützsalut empfangen.

Die großen Schiffe aller an der Einweihungsfeier teilnehmenden Nationen waren bereits einen Tag vorher eingetroffen. Höhepunkt war dann die Grundsteinlegung für das Standbild Kaiser Wilhelms I. und zugleich Taufe der neuen Wasserstraße auf den Namen „Kaiser-Wilhelm-Kanal" zu Ehren des Schöpfers dieses Jahrhundertbauwerks.

Prunkvolle Feste und eine Flottenparade schlossen die Einweihungsfeier ab.

Der Kaiser mit seinen vier ältesten Söhnen nach der Begrüßung durch Bürgermeister Lehmann und den Senat vor dem Pavillon des Hamburger Dammtorbahnhofs. – Fotografen im Gehrock, die Kamera auf einem Stativ, warten auf den günstigen Moment für eine Aufnahme.

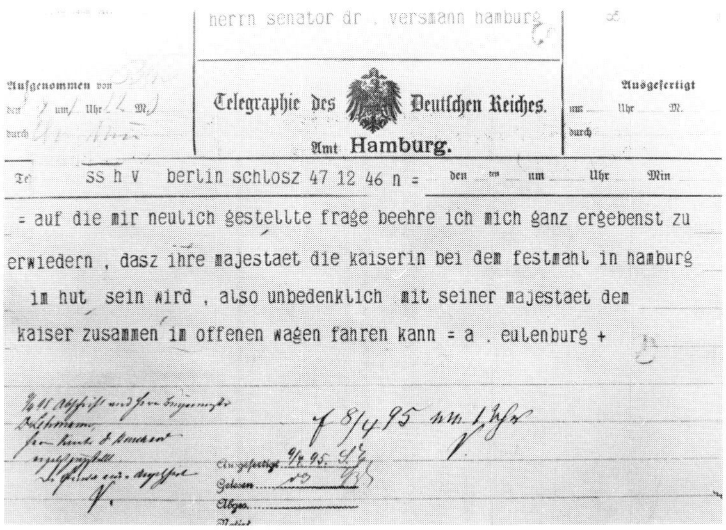

herrn senator dr . versmann hamburg

Aufgenommen von

den um Uhr M.

durch

Telegraphie des Deutschen Reiches.

Amt Hamburg.

Ausgefertigt

um Uhr M.

durch

Te ss h v berlin schlosz 47 12 46 n = den ten um Uhr Min

= auf die mir neulich gestellte frage beehre ich mich ganz ergebenst zu erwiedern , dasz ihre majestaet die kaiserin bei dem festmahl in hamburg im hut sein wird , also unbedenklich mit seiner majestaet dem kaiser zusammen im offenen wagen fahren kann = a . eulenburg +

8/4 95

Angefertigt 9/4 95.

Gelesen

Abges.

Marschordnung des "Kaisergeschwaders"

während der Einweihungsfahrt von Brunsbüttel nach Kiel

4 Uhr Morgens. **Seine Majestät der Kaiser** durchfahren auf der »Hohenzollern« die Brunsbütteler Schleuse. Nach Austritt aus dem Binnenhafen durchschneidet die »Hohenzollern« eine über den Kanal gespannte Schnur. Weitere Ceremonien finden nicht statt.

5 Uhr Morgens. S. M. Yacht »Hohenzollern« nimmt die Fahrt durch den Kanal auf. Die übrigen Schiffe schließen sich in nachstehender Reihenfolge an:

An Bord:

S. M. Aviso »Kaiseradler«: Seine Königliche Hoheit Prinzregent Luitpold von Bayern, Seine Majestät der König von Sachsen, Seine Majestät der König von Württemberg, Seine Kaiserliche Hoheit Großfürst Alexis von Rußland.

Deutscher Schnelldampfer »Kaiser Wilhelm II.«: Deutsche Fürsten, deutsche Gesandte und staatsleitende Minister.

Deutsche Yacht »Lensahn«: Seine Königliche Hoheit der Erbgroßherzog von Oldenburg.

Britische Yacht »Osborne«: Seine Königliche Hoheit der Herzog von York.

Italienische Yacht »Savoia«: Seine Königliche Hoheit der Herzog von Genua.

Oesterreichisch-ungarischer Aviso »Trabant«: Seine Kaiserliche und Königliche Hoheit der Erzherzog Stephan von Oesterreich.

Deutscher Schnelldampfer »Augusta Victoria«: Diplomatie und Bundesrath.

Deutscher Schnelldampfer »Columbia«: Reichstag.

Deutscher Schnelldampfer »Trave«: Reichstag, preußischer Landtag

Deutscher Postdampfer »Rhätia«: und übrige Reichsgäste.

S. M. Aviso »Grille«: Kommandirender Admiral.

Italienischer Aviso »Aretusa«.

Britischer Aviso »Enchantreß«.

Französischer Aviso »Surcouf«.

Russischer Aviso »Großjaschtschi«.

Spanischer Aviso »Marques de la Ensenada«.

Schwedisch-norwegischer Aviso »Edda«.

Schwedisch-norwegischer Aviso »Viking«.

Amerikanischer (U. S.) Aviso »Marblehead«.

Rumänischer Aviso »Mircea«.

Dänischer Aviso »Hekla«.

Niederländischer Aviso »Alkmaar«.

Türkischer Aviso "Fuad"

Ein Foto der „Hohenzollern“ beim Auslaufen aus der Brunsbütteler Schleuse an der Spitze des „Kaisergeschwaders“ konnte nicht ausfindig gemacht werden. Vermutlich reichte das Licht am frühen Morgen nicht für die Kameras der damaligen Zeit.

Türkischer Aviso „Fuad“. Dieser Gast machte von sich reden. In der Marschordnung für die Durchfahrt des „Kaisergeschwaders“ nicht verzeichnet, ist „Fuad“ vermutlich als Nachzügler in der Schleuse erschienen und wohl auch nicht der Musikkapelle in Rendsburg, die jedes Schiff dort mit der Nationalhymne seines Landes begrüßte, gemeldet worden. Was tun? Noten waren wohl nicht so schnell zur Stelle. Der Musikmeister der Militärkapelle, inspiriert durch den Halbmond in der Flagge, wußte sich zu helfen; es erklang die Melodie des alten Volksliedes „Guter Mond, du gehst so stille …“

Nach der Einweihungsfahrt: „Hohenzollern“ steuert ihren Liegeplatz im Kieler Hafen an. Im Hintergrund die Festhalle.

Kaiser Wilhelm II. bei der Grundsteinlegung für das Standbild seines Großvaters, am Vormittag des 21. Juni 1895. Während der Zeremonie: „Zum Gedächtnis Kaiser Wilhelm des Großen taufe ich den Kanal ‚Kaiser-Wilhelm-Kanal' ".

Prunkvoll in allem war die Festhalle, in der am Abend der Kaiser seine 1080 Gäste empfing. Die Halle war eine Nachbildung mit der Originaltakelage einer 1861 an Preußen verkauften englischen Kreuzerkorvette, die später unter dem Namen „Niobe" Schulschiff der Kaiserlichen Marine war.

Eine Flottenrevue und ein großangelegtes Manöver unter den Augen des Kaisers und seiner Gäste waren Höhepunkte der Einweihungsfeier.

Ein Prachtbau im nordischen Stil gebaut, mit hellen Holzschindeln gedeckt, mit Buntglasfenstern und einer kostbaren Einrichtung, war die Kaiserhalle in Brunsbüttel. Hier empfing der Kaiser seine Gäste, wenn er mit der „Hohenzollern" in der Schleuse lag. Ein überdachter Gang führte zur Jacht.

Erweiterungsbau

Steigender Schiffsverkehr, besonders aber die Belange der Kaiserlichen Marine, machten es erforderlich, daß die nach der Einweihung 1895 den Namen Kaiser-Wilhelm-Kanal führende Wasserstraße erweitert werden mußte. Die 1907 begonnenen Vorarbeiten nahmen viel Zeit in Anspruch. Der Erweiterungsbau veränderte die Landschaft abermals. An beiden Endpunkten, Holtenau und Brunsbüttel, verschwanden große Gebäudekomplexe von der Bildfläche, sogar Wohngebiete, die erst wenige Jahre zuvor errichtet waren.

Ohne den Schiffsverkehr wesentlich zu stören, kamen die Bauarbeiten zügig voran, so daß am 23. Juni 1914 die Neuen Schleusen in Brunsbüttel betriebsklar waren.

Im Anschluß an die Elb-(Kaiser-)Regatta war Kaiser Wilhelm II. an dem Tag auf der Kanalreede von seiner Segeljacht „Meteor“ an Bord der „Hohenzollern“ gegangen, hatte die Schleuse durchfahren, die damit für den Verkehr freigegeben war.

In Holtenau erfolgte der gleiche Vorgang in größerem Rahmen am 25. Juni 1914. Fünf Wochen später begann der Erste Weltkrieg.

Die Fährbucht auf der Nordseite des Kanals in Brunsbüttel im Bau. – Im Hintergrund links oben die sechs Schornsteine der Zementfabrik „Saturn“, daneben der Wasserturm und die Schornsteine der Ziegelei, die während der Kanalbauzeit über 50 Millionen Steine und große Mengen Ziegelbrocken brannte. – Alle genannten Anlagen existieren heute nicht mehr.

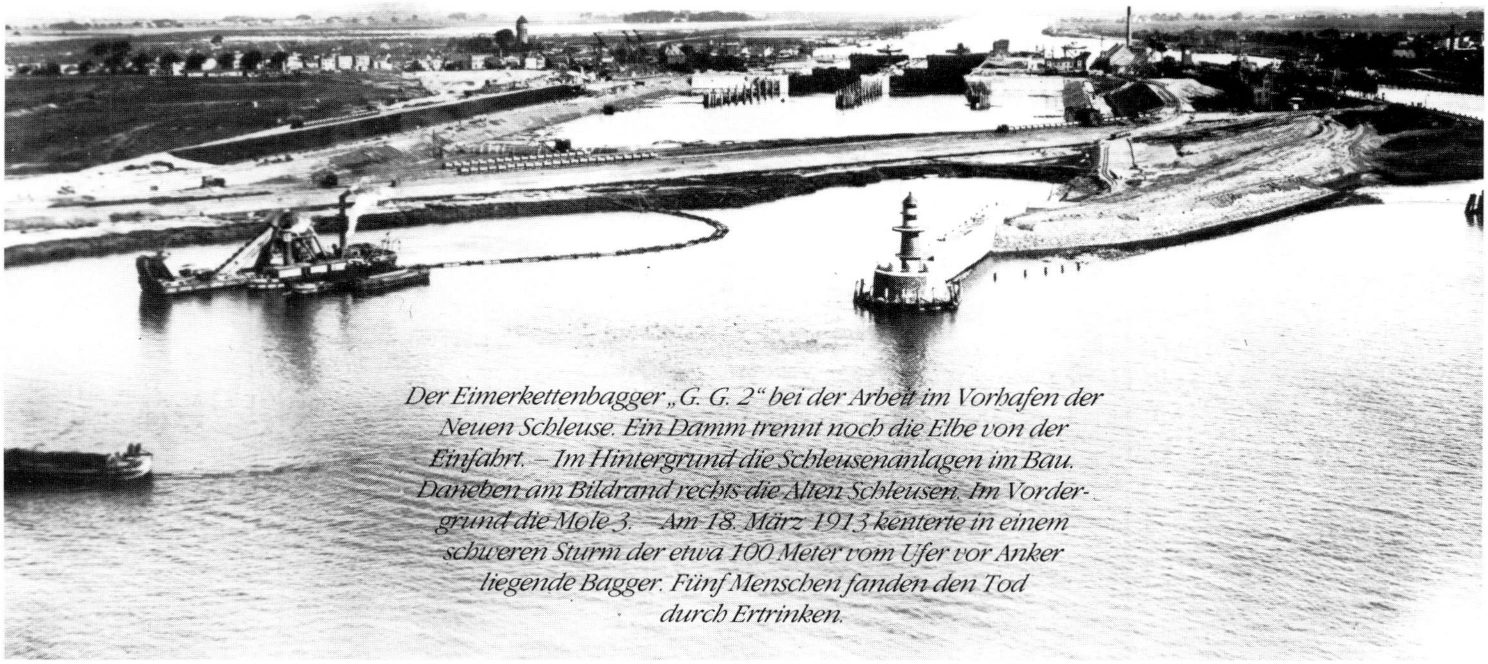

Der Eimerkettenbagger „G. G. 2" bei der Arbeit im Vorhafen der Neuen Schleuse. Ein Damm trennt noch die Elbe von der Einfahrt. – Im Hintergrund die Schleusenanlagen im Bau. Daneben am Bildrand rechts die Alten Schleusen. Im Vordergrund die Mole 3. – Am 18. März 1913 kenterte in einem schweren Sturm der etwa 100 Meter vom Ufer vor Anker liegende Bagger. Fünf Menschen fanden den Tod durch Ertrinken.

Eine Vielzahl von Pfahlgruppen mußte für das tragende Mauerwerk der Schleusenanlagen gerammt werden.

Januar 1914. Eine fertiggestellte Tornische mit Maschinenhaus.

Der Bau des Kieler Nordhafens während der Kanalerweiterung brachte eine positive Entwicklung für Industrie, Handel und Schiffahrt mit sich.

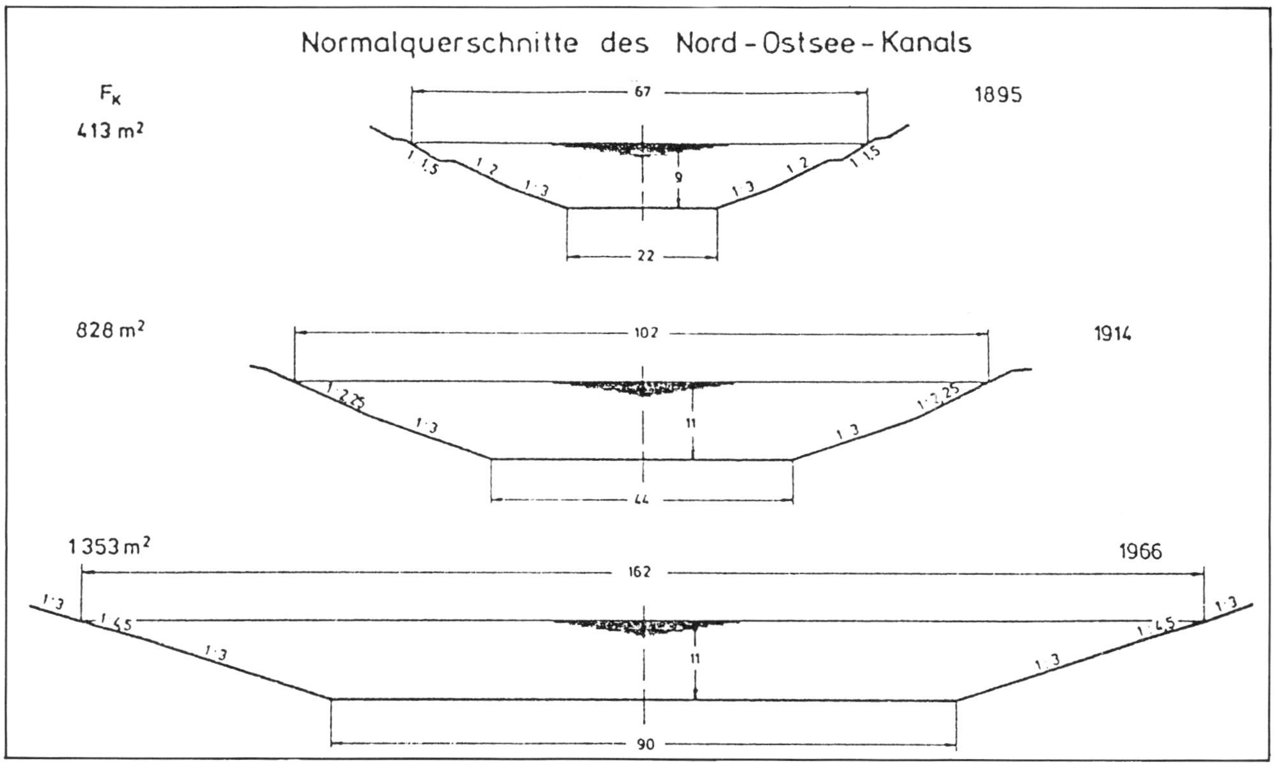

Die Zeichnung verdeutlicht die Veränderungen des Kanalquerschnitts seit 1895. Ständig größer werdende Schiffe und damit verbunden stärkere Sogwirkung verursachen häufig Uferrutschungen, denen nur durch umfangreiche Sanierungsmaßnahmen begegnet werden kann.

Im Wandel der Zeit

Kanallotsen und ihre Versetzboote

Die Lotsen gehören zum Nord-Ostsee-Kanal, wie das Wasser zum Schiff; denn ohne ihre verantwortungsvolle beratende Tätigkeit würde der Kapitän eines größeren Schiffes auf der kurvenreichen Wasserstraße mit dem oft sehr starken Gegenverkehr wohl kaum sicher die Ostsee oder die Elbe erreichen. Für den Rudergänger eines Schiffes aber birgt das schmale Fahrwasser zu viele Gefahren in sich. Deshalb müssen Schiffe mit mehr als 2500 Bruttoregistertonnen (BRT) oder über 25 Meter Breite zwei Kanalsteurer annehmen; in vielen Fällen selbst Nautiker, kennen sie den Nord-Ostsee-Kanal wie „ihre Westentasche".

Die Kanallotsen, in zwei Brüderschaften, NOK I (Brunsbüttel) und NOK II (Holtenau) zusammengeschlossen, bedienen je ein Teilstück der 98,73 Kilometer langen Kanalstrecke. Bei Kilometer 58 befindet sich die Station Nübbel, wo die Lotsen gewechselt werden. Die Kanalsteurer verlassen das Schiff nicht, sie lösen sich auf der Strecke gegenseitig ab.

Eine besondere Gruppe sind die von der Brüderschaft NOK I eingesetzten Hafenlotsen. Deren Aufgabe ist es, die Schiffe von der Elbe in die Schleuse oder weiter an einen Liegeplatz im Binnenhafen zu leiten. Durchgehende Schiffe werden in der Schleuse mit einem Streckenlotsen besetzt.

In Holtenau gibt es keine Hafenlotsen; denn dort ist die Einfahrt in den Nord-Ostsee-Kanal, geschützt durch die Kieler Förde, mit weniger Gefahren verbunden als in Brunsbüttel, wo die Elbströmung und der sehr große Tidenunterschied, besonders bei Sturm, das Einlaufen in die Schleuse erheblich gefährden können.

Das Gesicht des Lotsenhauses, wie es 1905 aussah, auf der Südseite des heutigen Alten Vorhafens. Untergebracht sind dort Dienststellen der Kanallotsen und der Elblotsen.

„Pilot", das Unglücksschiff der Kanallotsen (siehe auch „Kollisionen").

Foto Mitte: Auch der Versetzdienst der Kanallotsen wurde der Neuzeit angepaßt. Als letzte Generation der modernen Lotsenboote ist „Osteriff" neben anderen Booten im Einsatz.

Der Lotse geht an Bord. Bei ruhigem Wetter nichts Besonderes. Jedoch bei Sturm an großen in Ballast fahrenden Schiffen die haushohen Bordwände über die Jakobsleiter zu erklimmen, und das von dem auf den Wellen tanzenden Versetzboot, dazu muß man wohl als Seemann geboren sein.

Ein „Plastikrenner", sehr schnell und wendig. Als Versuchsboot in Brunsbüttel eingesetzt, erfüllte „Lotse 1" bei stürmischem Wetter nicht die Anforderungen.

Die Zeit hat sich gewandelt, die Gewohnheit offenbar nicht. Vor fast neunzig Jahren füllten die Lotsen ihre freie Zeit mit Brett- oder Kartenspielen aus. Der Lotsenwirt Inselmann schaut interessiert als „Kiebitz" zu.

Heute, wie damals. Hafenlotsen verkürzen die Zeit bis zum nächsten Einsatz mit einem zünftigen Skat unter aufmerksamer Beobachtung des Wachhabenden.

Die Station in Nübbel. Hier werden die Lotsen gewechselt.

Der Leuchtturm in der Kieler Förde, in dem die Station der Lotsenbrüderschaft NOK II, Holtenau, untergebracht ist.

Brücken und Fähren

Mit der Fertigstellung des Nord-Ostsee-Kanals hatte sich das Landschaftsbild von der Elbe bis zur Kieler Förde völlig verändert. Ortschaften waren zerschnitten, Bauern hatten jetzt in vielen Gemeinden ihre Ländereien auf beiden Seiten des Kanals.
Eisenbahnverbindungen und Straßen waren unterbrochen. Doch mit dem Bau der neuen Wasserstraße entstanden Querverbindungen durch Brücken und den Einsatz von Fähren. Je nach Verkehrsbedürfnissen oder Geländeformationen waren es Eisenbahndreh- oder -Hochbrücken, zum Teil in Verbindung mit Straßenüberführungen. In Rendsburg befand sich außerdem eine Straßendreh-, in Holtenau eine Pontonbrücke.
In Verbindung mit der fortschreitenden Verkehrsentwicklung im Laufe der Jahrzehnte wurde ein Teil dieser Anlagen durch Autobahnhochbrücken, in Rendsburg durch einen Straßen- und einen separaten Fußgängertunnel ersetzt.
Die größte der Brücken mit einer Gesamtlänge von 2,826 Kilometern ist die im Oktober 1983 dem Verkehr übergebene Straßenhochbrücke bei Brunsbüttel. Sie ist das Verbindungsstück der B 5 mit den nördlichen Regionen.
Doch nicht nur die festen Überquerungen waren und sind auch heute noch dem Wandel der Zeit unterworfen; das gleiche gilt für die Fähren. Auch an ihnen ist der Umbruch der Epoche deutlich abzulesen.
Den Generationswandel der Brücken und Fähren veranschaulichen die folgenden Bilder:

Die vier mächtigen Haupttürme der Brücke Levensau mit ihren Bogen und Zinnen glichen Burgtoren. Allein die Wappenschilde an der West- und Ostseite der Türme mit ihren in Sandstein gearbeiteten Reichsadlern kosteten 9600 Goldmark. – Diese Brükkenauffahrten wären es wert gewesen, als Baudenkmal erhalten zu werden.
Doch als „architektonisches Beiwerk“ mußten sie einer traditionsarmen Zeit weichen.

Kaiser Wilhelm II. auf seiner Jacht „Hohenzollern“ unter der Brücke Levensau, die sein Lieblingsbauwerk war.

Oben links: Die Straßendrehbrücke in Rendsburg gehört seit langem der Vergangenheit an.

Oben rechts: Bau des Straßentunnels, der 1961 die Aufgaben der Drehbrücke übernahm. Ein Fußgängertunnel ist seit 1965 in Betrieb.

Die Eisenbahnhochbrücke Hochdonn hatte die längste Bauzeit. 1915 begonnen, wurde das Bauwerk, durch den Ersten Weltkrieg unterbrochen, erst 1920 fertiggestellt.

Ein Spiegelbild neuzeitlicher Brückenbaukunst ist die Straßenhochbrücke bei Brunsbüttel.

Als Muskelkraft noch gefragt wurde. An dem durch Führungsrollen laufenden, bis auf die Kanalsohle durchhängenden Drahtseil zog der Fährmann den Prahm an das andere Ufer. Eine mit einer Klaue versehene Handspake erleichterte ihm die schwere Arbeit. Größere Fähren waren mit zwei Mann besetzt, die mit Schulterriemen den Prahm zogen.

Bei der zweiten Fährgeneration wird eine auf dem Grund liegende Kette über Rollen durch die im Schiffskörper liegende Kettennuß geführt; eine Vorrichtung, in die jedes Glied der Kette eingelegt wird. Durch den Motor in Drehbewegung gesetzt, „läuft" die Fähre über die Kette. In Fischerhütte, Kanalkilometer 35,5, ist die letzte dieser Generation noch im Einsatz.

Die in dem breiten Binnenhafen von Brunsbüttel mit dem starken Fahrzeug- und Personenverkehr eingesetzten Dampffähren. Ersatz für die im Zweiten Weltkrieg durch englische Flugzeuge versenkte „Thor“ war die Fähre mit den zwei Schornsteinen.

Die schnelle technische Entwicklung mit dem immer stärker ansteigenden Schiffs- und Fahrzeugverkehr führte zum Bau größerer und schnellerer Fähren. Die dritte Generation: In Brunsbüttel 100-Tonnen-Fähren zwei-, auf der Strecke 45-Tonnen-Fähren einspurig.

Im 10-Minuten-Rhythmus fahren die 100-Tonnen-Fähren in Brunsbüttel. – Die Schornsteine und Silos gibt es nicht mehr; sie gehörten zu dem abgebrochenen Düngemittelwerk „Kali-Chemie“.

Ein Pferdefuhrwerk, Fußgänger und Radfahrer, ein Bild geruhsamer Beschaulichkeit an der Fähre vor unserem Zeitalter der Hektik. Für eine Kaffeefahrt zu viert in der Gouverneßkarre reichte allemal nur eine Pferdestärke.

So sieht es heute, unter der Herrschaft des Motors, an derselben Stelle aus, obgleich durch die neue Straßenhochbrücke über den Nord-Ostsee-Kanal eine starke Verkehrsentlastung erfolgte.

Rückfall in die Zeit „es war einmal . . .“? – Totaler Stromausfall. Die Landebrücken der Fähren sind blockiert. Ein Schleppdampfer hat den Personenverkehr übernommen.

Ein Unikum in Rendsburg. Unter der Eisenbahnhochbrücke hängt eine Schwebefähre.

Wind – Kohle – Öl

Am Anfang stand der Wind. Der Mensch nutzte seine Kraft; er baute Segelschiffe und machte Flüsse und Meere zu Handelsstraßen. Durch die Erfindung der Dampfmaschine und den Bau von Dampfschiffen kam das Zeitalter der Kohle. Die großen frachttragenden Segelschiffe wurden immer mehr verdrängt.
In den Häfen, so auch am Nord-Ostsee-Kanal, der neuen Wasserstraße, entstanden vor allem in Brunsbüttel, Rendsburg und Kiel große Kohlenbunkerstationen für Dampfschiffe.
Dann trat der Motor seinen Siegeszug an, und so prägten eine lange Zeit drei Epochen das Bild.
Mit der rapide ansteigenden Erdölförderung entwikkelte sich nach dem Zweiten Weltkrieg eine technische Revolution, die auch in der Schiffahrt ihren Niederschlag fand. Die kleinen Segelschiffe in der Küstenfahrt waren durch den Einbau von Motoren bald nicht mehr auf die Schlepperhilfe angewiesen, die Segel verschwanden im Laufe der Jahre fast völlig von der Bildfläche.
Auf Dampfern kam schweres Heizöl in die Bunker. Der Motor aber nahm auch hier eine beherrschende Stellung ein. Am Nord-Ostsee-Kanal sind die Silhouetten der großen Kräne verschwunden, an ihre Stelle traten die Tanks der Ölbunkeranlagen.
Eine kurze Einblendung soll die Entwicklung in

Vor 90 Jahren. Segelschiffe warten auf der Kanalreede Brunsbüttel auf Schleppdampfer, die sie in die Schleuse und später in den Binnenhafen bringen sollen, wo die Schiffe zu Schleppzügen zusammengestellt und nach Kiel gebracht werden.

Zahlen aufzeigen. 1904/05, zehn Jahre nach Freigabe des allgemeinen Schiffsverkehrs im Nord-Ostsee-Kanal. Gesamtverkehr in beiden Richtungen:

Dampfer	15 236
Segelschiffe, Leichter in Schleppzügen	16 910
Gesamt	32 146

1964 Schiffe in beiden Richtungen: 82 792
dazu etwa 15 000 bis 20 000 Sportfahrzeuge.
1964 war ein Jahr mit sehr starkem Schiffsverkehr.

Erste Bunkerstationen waren ausgediente Schiffe, von dort aus wurde die Kohle in Körben in die Bunker der Dampfer getragen.

Die Firma Zerssen & Co., Rendsburg, baute 1897 am Brunsbütteler Handelshafen (Festge) die erste landfeste Kohlenlösch- und Bunkeranlage, die zu der Zeit als technisch weit fortgeschritten galt.

Auch 1912 war die Kohlenübernahme noch schwere Handarbeit und bei der Kaiserlichen Marine alles andere als beliebt.

Ein großer Sprung nach vorne. Ausgang Dezember 1913 wurde der erste große, elektrisch betriebene Kran in Betrieb genommen; der zweite folgte 1925 (links im Bild). Der Kran, rechts im Bild, am Nordufer im Binnenhafen Brunsbüttel, kam 1922 zum Einsatz.

Der erste, 1902 gebaute Tank. Nach der Umstellung auf Ölfeuerung füllten hier die Torpedoboote der Kaiserlichen Marine ihre Bunker. Im Bild der Tank vor den verkohlten Resten der in der Nacht zum 1. Mai 1928 durch Feuer vernichteten 140 Meter langen und etwa 30 Meter breiten Marinekohlenhalle. – Heute, eingemauert, gehört der Tank als Getreidesilo zum Gebäudekomplex einer Getreide-Lagerhausfirma.

Begegnung auf der Kanalreede. Eine Bohrinsel auf der Fahrt zum Einsatz; – Ein Tanker steuert mit einer Ladung Rohöl den Elbehafen Brunsbüttel an.

Die Tanks der Ölbunkerstationen am Nord-Ostsee-Kanal haben die Kohlenkräne abgelöst.

Schiffsmeldedienst und Schiffslenkung

Eine gute Verständigungsmethode vom Schiff zum Land und umgekehrt waren Flaggensignale. Später kam eine der Kriegs- und Handelsmarine dienende Funkspruchanlage hinzu. In Brunsbüttel befand sich die Marine-Signalstation an einer vorgeschobenen Stelle im Schleusengelände.

In demselben Holzgerüstbau wurde 1925 eine private Schiffsmeldestelle eingerichtet, die im Laufe ihrer Weiterentwicklung weltweite Anerkennung fand.

Nach der ersten Positionsmeldung der von See kommenden Schiffe bei Feuerschiff „Elbe 1“, wird von Cuxhaven die Meldung über EDV an die Stationen Brunsbüttel, Stade und Hamburg weitergegeben. Dadurch können in den Häfen alle Dispositionen getroffen werden. So werden, um nur ein Beispiel zu nennen, in Brunsbüttel die den Nord-Ostsee-Kanal nach Kiel-Holtenau passierenden Schiffe gemeldet: an die Schiffsmakler, Ausrüster, Lotsen, an die im Gebäude des Hafenkapitäns befindliche Schiffslenkungsstelle und andere Dienststellen.

Anhand von Tagesdiagrammen ist es beiden Lenkstellen möglich, Position und Geschwindigkeit eines Schiffes genau zu bestimmen und zu entscheiden, ob dieses in einer der 12 Kanalweichen festmachen und warten muß, wenn es die Verkehrssituation erfordert. Der Bereich der Schiffslenkung Brunsbüttel endet bei Schülp, wo sie an Holtenau übergeben wird. Von dort endet sie in der Westrichtung bei der Weiche Breiholz.

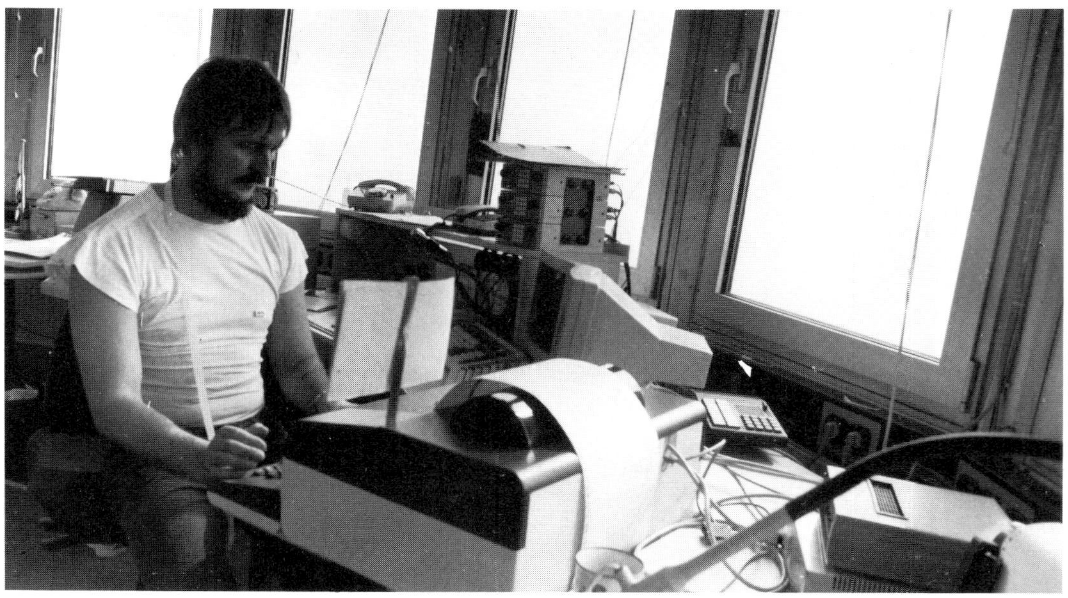

Empfang und Weitergabe von Meldungen erfordern vom Wachhabenden des Schiffsmeldedienstes höchste Aufmerksamkeit und Konzentration.

Die Marine-Signalstation in Brunsbüttel zu einer Zeit, als der Signalgast die Flaggensprache perfekt beherrschen mußte.

Hoch über den Dächern befindet sich jetzt der mit modernster Technik ausgerüstete Schiffsmeldedienst im Turm der Radarstation, die als Glied einer Kette zur Sicherheit der Schiffahrt auf der Elbe dient. – Das Kanallotsenhaus, links neben dem Turm, wurde 1980 abgebrochen. Die Kanallotsen und die Elblotsen haben jetzt ihre Dienststellen gemeinsam in dem Gebäude am Südufer des Alten Vorhafens.

Rammen und Weichen

Zu den wichtigsten schwimmenden Arbeitsgeräten im Nord-Ostsee-Kanal gehören die Rammen. In den Weichen und vielen anderen der Schiffahrt dienenden Anlagen schlagen sie die bis zu 22 Meter langen Holz- oder Stahlpfähle zu Dalbengruppen in die Kanalsohle. Auf der gesamten 98,73 Kilometer langen Strecke von Brunsbüttel bis Holtenau mit den Nebenanlagen stehen 936 Dalben. 11 500 Holz- und 1000 Stahlpfähle sind darin verarbeitet. Der größte Verschleiß entsteht an den Anfangsdalben einer Weiche, wo durch Schiffskollisionen ganze Gruppen bereits nach wenigen Jahren ausgewechselt werden müssen.

Die beiden auf der Strecke eingesetzten Rammen genügten den Anforderungen nicht mehr und wurden ausgesondert. Das neue Arbeitsgerät, frei fahrend und mit allen technischen Hilfsmitteln ausgerüstet, arbeitet allein im gesamten Bereich des Nord-Ostsee-Kanals. Die Vorteile: Einsparung einer Ramme; ohne Standortwechsel kann aus jeder gewünschten Pfahlneigung ein 16pfähliger Dalben gerammt werden. Ein Pfahlzuggerät ist eingebaut. Vorrichtungen für Diesel und Preßluft ermöglichen es, bei allen im Kanal vorkommenden Bodenarten zu arbeiten.

In ihren 50 Einsatzjahren hat diese alte Dampframme, noch mit Kohlefeuerung, einen kleinen Wald verarbeitet. Etwa 55 000 Pfähle hat sie in ihrem Arbeitsbereich in den Grund des Nord-Ostsee-Kanals geschlagen.

Dieser „Sinnspruch“ zierte eine Wand im Aufenthaltsraum der Ramme und hat seine Geschichte. 1895 auf dem ersten Arbeitsgerät angebracht, nahm die Besatzung ihn mit auf die Nachfolgerin. Beim Verkauf der alten Ramme ist das Schild an Bord geblieben.

Ein Koloß im Gegensatz zu ihrer alten „Kollegin“, so stellte sich die neue Ramme bei ihrer Einweihungsfahrt im März 1985 vor und zeigte bei einem Proberammen, welche Kraft in ihr steckt.

Wie vorsintflutliche Fabelwesen muten diese beiden deformierten Stahlpfähle an. Bei Rammarbeiten im Landeshafen Ostermoor stießen sie in großer Tiefe auf ein Hindernis, wurden wieder gezogen und als „Kunst am Bau" einbetoniert.

Ein Bild aus der Zeit der Kanaleröffnung 1895. Geruhsam passiert ein Schleppzug die alte Weiche Hohenhörn. Die Weichenwärter hatten damals noch alle Hände voll zu tun; denn sie mußten nicht nur die verschiedenen Signale setzen, sich durch das Megaphon mit den Schiffern verständigen, sondern zeitweise von einem Ruderboot aus auch noch beim Festmachen der Schiffe helfen.

Eine Kanalweiche der Neuzeit: Die Elektronik hat Einzug gehalten. Licht-Signale an den Masten, Sprechfunk und Telefon gehören, wie der Fernschreiber und das Radar, zum täglichen Dienst der Weichenbeamten und -angestellten.

Bagger und Meßschiffe

Durch den starken Tidenstrom der Elbe werden gewaltige Mengen Sinkstoffe in Bewegung gesetzt, die sich in dem von der Strömung nur gering beeinflußten Wasser der Vorhäfen schnell absetzen. Die Menge beträgt monatlich einen Meter. Ein Teil der Sinkstoffe wird durch den Schleusenverkehr in den Binnenhafen geleitet. Ein Jahr ohne Baggerungen, und die Vorhäfen der beiden Schleusenanlagen, aber auch der Binnenhafen von Brunsbüttel wären so stark verschlickt, daß die Großschiffahrt lahmgelegt würde. Die Ablagerungsgrenze liegt etwa bei Kanalkilometer fünf. Auf der weiteren Strecke bis Holtenau kommen nur selten Bagger zum Einsatz.

Beim Bau des Nord-Ostsee-Kanals vor 100 Jahren wurde mit einem Schlickanfall von jährlich bis etwa 150 000 Kubikmeter gerechnet. Das war eine Fehleinschätzung; denn 1913, ein Jahr vor der Eröffnung der Neuen Schleusen, mußten jährlich 1,6 Millionen Kubikmeter Schlick geräumt werden.

Nach dem Zweiten Weltkrieg ging die Zeit der Veteranen langsam ihrem Ende entgegen. 1949 kam

Unentbehrlich seit dem Bau des Nord-Ostsee-Kanals sind auch heute noch die Eimerkettenbagger. Bei festem Boden oder bei genauen Sohlenbaggerungen geht es ohne sie nicht.

der Motor-Saugbagger „Wilhelm Krüger" nach Brunsbüttel. Wenn erforderlich, werden Großraumbagger angefordert, so auch „Nordsee" mit einem Laderaum von 5400 Kubikmeter. Der Schlickanfall vergrößerte sich weiter. Jetzt werden jährlich etwa fünf Millionen Kubikmeter Dünnschlick im Verhältnis 2:1 in den Vorhäfen und im Binnenhafen geräumt.
Um eine möglichst gleichmäßige Wassertiefe zu gewährleisten, wurde sie anfangs durch Handloten gemessen und so den Baggern Hinweise gegeben, wie gearbeitet werden muß.

Der Handbetrieb gehört seit langem der Vergangenheit an. Das Meßschiff „Karl Hayssen", als Katamaran gebaut, hat die Aufgaben übernommen. Auf Knopfdruck werden die beidseitigen, auf Schwimmkörpern ruhenden Ausleger in Peilstellung gefahren. In den Auslegern und unter dem Schiff sind 48 elektroakustische Ultraschallsender und -empfänger installiert, von denen die genauen Meßdaten gemeinsam mit einem Echographen auf einem Spezialpapier aufgezeichnet werden.

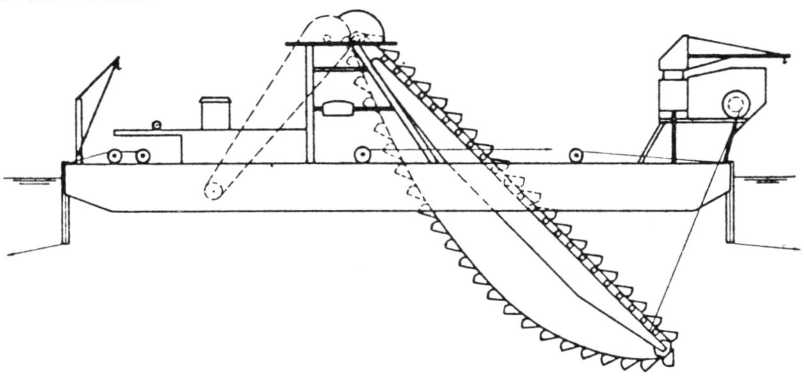

Die Skizze veranschaulicht die Arbeitsweise des Baggers. Die endlose Eimerkette kann der jeweiligen Wassertiefe angepaßt werden.

Saugbagger „Brunsbüttel" nahm 1907 seine Arbeit auf und wurde wiederholt umgebaut.

Der letzte seiner Gruppe war „Titan". Über die Toppen geflaggt auf der Abschiedsfahrt vor seiner Außerdienststellung im Juni 1974. – In seinen 60 Dienstjahren hat „Titan" 66 Millionen Kubikmeter Schlick geräumt und dabei, rechnet man nur die Hälfte seines Daseins als Einsatzzeit, 600 000 Kilometer zurückgelegt, fünfzehnmal Erdumfang.

Zum letztenmal steht der Heizer vor den Kesseln auf „Titan" und treibt den Dampf für die Maschine auf den höchsten Stand.

„Wilhelm Krüger" bei der Arbeit. Der Laderaum ist gefüllt, der über der Lademarke stehende Dünnschlick läuft ab.

Das Herz auf „Wilhelm Krüger" ist der Leit- und Kontrollstand für die Motoren und elektrischen Anlagen.

Großraumbagger „Nordsee" in der Schleuse auf der Fahrt in die Elbe, um dort seine Ladung Schlick zu verklappen. (1984 so umgebaut, daß er bei einem schweren Tankerunfall auch als Ölabsauger eingesetzt werden kann.)

Vollgepackt mit Elektronik ist der Leitstand des Baggermeisters auf der „Nordsee". Anhand von Schaubildern, durch Hebel- oder Knopfdruck, werden alle Arbeitsgänge dirigiert.

Zum Baggern gehört das Peilen. Längst ist die Zeit vergangen, als noch mit dem Handlot gemessen wurde, wo sich Schlickbänke gebildet haben.

Meßschiff „Karl Hayssen" bei der Arbeit. Die beidseitigen Ausleger lassen sich so weit ausklappen, daß 16, 26 und 50 Meter Meßbreite gefahren werden können.

Die vom Echographen aufgezeichneten Meßdaten werden auf Abweichungen in der Kanalsohle kontrolliert.

Kollisionen

Höhere Gewalt, wie Stürme, Nebel, aber auch technisches oder menschliches Versagen sind fast immer die Ursachen von Schiffsunfällen im Nord-Ostsee-Kanal, die in den meisten Fällen nur leichte bis mittlere Sachschäden zur Folge haben. Schwere Verletzungen oder tödliche Unfälle von Personen sind in den mehr als 90 Jahren Kanalverkehr sehr gering.

Aus der Reihe im Bild festgehaltener Unfälle einige, die Aufsehen erregten. Dazu zählt auch, obgleich nicht unmittelbar mit dem Nord-Ostsee-Kanal in Verbindung stehend, ein schwerer Schiffsunfall auf der Unterelbe. Im Nebel kollidierte, trotz Radarberatung, der brasilianische Frachter „Itapagé" mit dem Taiwan-Containerschiff „Ever Level" am 25. November 1983. Mittschiffs getroffen, explodierte sofort ein mit Streichhölzern gefüllter Container; ein weiterer, gefüllt mit Feuerwerkskörpern, folgte. Ladung und Deckshaus standen sofort in Flammen. Zwei Tote und vier Verletzte auf der „Ever Level", die nach schwerem Einsatz von Feuerlöschbooten in den Elbehafen nach Brunsbüttel geschleppt wurde. Dort mußte ein Teil der immer noch brennenden Container an Land gesetzt und von der Feuerwehr gelöscht werden. Erst Anfang Dezember konnte die „Ever Level" nach Hamburg verholen.

Im September 1896 geriet der dänische Dampfer „Johann Siem" auf der Oststrecke in der Nähe von Sehestedt auf einen in der Kanalsohle durch Schraubenwasser freigespülten Granitblock. Der Schiffsboden wurde aufgerissen. Der Havarist sank und lag in der Fahrrinne. Die Unfallstelle konnte mehrere Wochen nur von kleinen Schiffen passiert werden.

Der belgische Dampfer „Palomares" lief im September 1909 auf der Fahrt nach Westen in der Nähe von Levensau aus dem Ruder, geriet in die Kanalböschung und sank. Die Schiffahrt war fünf Tage lahmgelegt.

Mitte Oktober 1913 sank „Ferdinand" nach einem Zusammenstoß mit dem Dampfer „Leander". Der Kanalverkehr erlitt keine nennenswerte Beeinträchtigung.

Bergung des Kanallotsendampfers „Pilot", der am 10. Oktober 1930 von dem norwegischen Dampfer „Jelö" im Vorhafen von Brunsbüttel gerammt und unter Wasser gedrückt wurde. Vier von den sechs Besatzungsmitgliedern und ein Lotse kamen ums Leben.

Durch eine Kettenreaktion explodierten im Sommer 1936 auf einem in der Schleuse Brunsbüttel liegenden schwedischen Schoner mit Benzin gefüllte Fässer. Ein Kanalschlepper konnte das Schiff noch in den Vorhafen bringen, wo das Feuer gelöscht wurde. – Auf dem Schoner erlitten drei Besatzungsmitglieder Brandverletzungen.

Die Molen an den Vorhäfen zu den Schleuseneinfahrten in Brunsbüttel sind mitunter „Steine des Anstoßes" für Schiffe. Beim Einlaufen durch den Elbstrom aus der Fahrtrichtung gedrückt, kommt es dann zu Karambolagen, wie es dem finnischen Dampfer „Signy" passierte. Das Schiff konnte noch durchgeschleust und im Binnenhafen auf Grund gesetzt werden.

Mit 5000 Tonnen Benzin voll abgeladen, lief im Sommer 1953 der norwegische Tanker „Lincoln Elsworth" im Binnenhafen von Brunsbüttel aus dem Ruder und rammte den Anleger der Kohlenbunkerstation. Der große Kran knickte wie Streichhölzer zusammen und traf den Tanker hinter der Brücke. Der Unfall verlief glimpflich; es kam nicht zu einer Explosion.

Die Lösch- und Ladeeinrichtungen der früheren Kiel-Kanal-Kohlen-Gesellschaft gehörten zu den am häufigsten von Unfällen betroffenen Anlagen am Binnenhafen in Brunsbüttel, wobei es wiederholt zu Todesfällen kam; so auch am 13. Dezember 1956. Eine Orkanbö riß einen Kran aus der Verankerung und brachte ihn zum Einsturz. Zwei Betriebsangehörige, die einen Ponton sichern wollten, kamen dabei ums Leben.

Bei einer Kollision in der Ausweiche Kudensee am 20. Dezember 1956 zwischen dem Dampfer „Rostock“ aus der DDR und dem holländischen Motorschiff „Ambiorix“ wurde der Holländer schwer getroffen und sank. Der Havarist zwischen den Bergungsleichtern „Hiev“ und „Griep“ hängend.

Im dichten Nebel Mitte Januar 1978 auf der Kanalreede gleich zweimal getroffen, mußte der griechische Frachter „Grace“ mit zerfetztem Vorschiff an die Pier des Elbehafens in Brunsbüttel geschleppt werden.

Auf Wartestation liegen im Vorhafen der Alten Schleusen in Brunsbüttel die Bugsier- und Bergungsschlepper, die „Bulldoggen der See". Zur Bekämpfung von Schiffsbränden mit vielseitigem Gerät, zum Teil mit ausfahrbaren Löschkanonen, ausgerüstet. Die Hauptaufgabe ist es, große Schiffe sicher in die Schleusen oder an die Pier des Elbehafens zu bugsieren.

Bergungsschlepper mit der „Ever Level", auf der das Feuer noch nicht völlig gelöscht ist, auf der Fahrt zum Elbehafen.

Privileg für Millionäre

Die Zeit, als der Segelsport noch Vorrecht der Königs- und Fürstenhäuser, exklusiver Jachtklubs und Millionäre war, gehört der Vergangenheit an.
Die Segelregatten waren glanzvoll und wurden meistens im Atlantik und in englischen Gewässern ausgetragen. Die alljährliche Kaiser-(Elb-)Regatta, nicht weniger glänzend, ging über die Strecke Cuxhaven–Feuerschiff „Elbe 2" und zurück, wobei die Kaiserjacht „Meteor" von einer englischen Besatzung gesegelt wurde. Erst 1907 kam eine deutsche Crew an Bord. Die Preisverteilung erfolgte in Brunsbüttel im Salon der Kaiserjacht „Hohenzollern".
Heute, ein Volkssport geworden, benutzen die Segler zu Tausenden auf ihren Trips den Nord-Ostsee-Kanal und die Jachthäfen in Brunsbüttel, Rendsburg und Kiel.

Der Tender „Schneewittchen" hat Jachten von Kiel nach Brunsbüttel geschleppt. Jetzt wird gewartet, bis die Schleuse frei wird; dann geht die Schleppfahrt weiter nach Cuxhaven, wo die Regatta beginnt.

Die Jachten in der Schleuse. Als letzte einlaufend „Iduna", die Schonerjacht der Kaiserin Auguste Viktoria.

Ein Bild aus unserer Zeit: Von der Ferienfahrt zurückgekehrt, warten die Freizeitkapitäne auf das Signal zum Einlaufen in die Schleuse.

Der Salon des Kaisers auf der Segeljacht „Meteor" mit vielen Regattapreisen.

Schlafzimmer des Kaisers auf „Meteor". Das Messing-Bett in Kardanaufhängung. – Bei der Übergabe der Bilder an den Kaiser wurde der Fotograf Breuer aus Hamburg getadelt: „Wenn Sie das nächste Mal mein Zimmer fotografieren, sorgen Sie dafür, daß die Bettdecke glattgezogen wird."

Die neue „Meteor" des Kaisers Wilhelm II., 1913 auf der Germania-Werft in Kiel gebaut.

Kieler Woche 1914. – Englische Kriegsschiffe feuern Kaisersalut. Nach der Ermordung des österreichischen Thronfolgers und seiner Frau in Sarajewo und Abbruch der Kieler Woche gingen die englischen Kriegsschiffe in See mit dem Flaggensignal des Geschwaderchefs Sir George Warrender: „Friends in past and friends for ever". – Wenige Wochen später brannte die Welt, der Erste Weltkrieg brach aus.

Königs- und Staatsjachten

Vergangen ist die Zeit, in der Könige und Fürsten auf Repräsentations- oder Freundschaftsbesuchen mit ihren Staatsjachten nicht selten den Nord-Ostsee-Kanal passierten. Zu den wenigen, die der Tradition treu blieben, gehört das englische Königshaus.

Häufig waren die Durchfahrten der Jachten „Polarstern" und „Schtandard" des russischen Zaren Nikolaus. Wenn er an Bord war, dann mußten alle Schiffe im Kanal in den Ausweichen festmachen. Auf den Brücken und an den Ufern waren Soldaten als Wachen postiert. Die Lotsen aber erhielten wertvolle Geschenke, unter anderen goldene Uhren, Orden und Medaillen.

„Maha Chakri", die Jacht des Königs von Siam, erregte beträchtliches Aufsehen; die Besatzung wurde wie Wesen aus einer anderen Welt bestaunt. Das Schiff, der „Hohenzollern" Kaiser Wilhelm II. ähnlich, wirkte mit ihren acht Geschützen recht kriegerisch.

„Polarstern", Jacht des Zaren Nikolaus II. von Rußland. Am Ufer salutieren Offiziere der Husaren und Infanterie, während Zuschauer bei der Buschgruppe im Vordergrund in gebührendem Abstand gehalten werden.

Ein gerngesehener Gast war „Prinzessin Alice", Jacht des Fürsten Albert I. von Monaco. Als passionierter Ozeanograph hatte er bei seinen Forschungsreisen in die Arktis wiederholt deutsche und englische Wissenschaftler an Bord.
Mit besonderer Höflichkeit wurde der englische König Eduard behandelt, als er sich 1904 mit seiner Jacht „Victoria and Albert" auf der Fahrt zur Kieler Woche befand.
Ehrenkompanien mit Regimentsfahnen und Kapelle bildeten beim Einlaufen der Jacht in die Schleuse das Ehrenspalier. Der Weg des Königs über den roten Teppich zur Kaiserhalle, wo dem Monarchen alle Ehrungen erwiesen wurden, die einem gekrönten Haupt zustanden. Bei der Weiterfahrt nach Kiel begleiteten Husaren die Jacht an beiden Ufern.
Nach dem Ersten Weltkrieg 1914/18 veränderte die Welt ihr Gesicht. Eine Epoche prunkvoller Staatsbesuche war vergangen. In den folgenden Jahrzehnten, bis zur Neuzeit, gab es nur noch wenige Passagen von Jachten einiger Königshäuser. Das Flugzeug hat die Romantik verdrängt.

„Hohenzollern", die deutsche Kaiserjacht, war bei ihren vielen Durchfahrten stets Anziehungspunkt Schaulustiger, die in Scharen, oft von weit her kommend, an den Schleusenanlagen und Ufern des Nord-Ostsee-Kanals standen.

Zu ihrer Zeit ein ungewohntes Bild in Europa, die Jacht „Maha Chakri" des Königs von Siam. Die Flagge mit dem weißen Elefanten im roten Tuch, die Besatzung „mit den eigentümlich geschnittenen Gesichtern" – Wesen aus einer anderen Welt.

Die Jacht „Prinzessin Alice" des Fürsten von Monaco, der sich bei seinen Besuchen gern mit deutschen Wissenschaftlern über die Arktis unterhielt.

Die englische Königsjacht „Victoria and Albert" war ein seltener Gast im Nord-Ostsee-Kanal. Bei dem Besuch der Kieler Woche 1904 wurde die Jacht von einem Geschwader aus zehn Kriegsschiffen begleitet.

Eine neue englische Königsjacht, die „Britania", lief auf der Fahrt nach Kiel in den späten Abendstunden des 23. Juli 1956 in die Brunsbütteler Schleuse ein.

So sieht die jetzige Jacht „Britania" des englischen Königshauses aus, ein nüchterner Zweckbau, ohne den schlanken Schonersteven, ohne Klüverbaum und Bugverzierung. Die Jacht im Mai 1983 auf der Fahrt zu einem Staatsbesuch nach Schweden.

Auch das dänische Königshaus hält an der Tradition fest. Die „Dannebrog" am 25. Juni 1956 auf der Fahrt nach England.

„Savarona", türkische Staatsjacht, Schulschiff für Seekadetten im September 1957 von Kiel kommend, auf der Fahrt nach Hamburg.

Die Luxusjacht „Mahroussa" des früheren Königs Faruk von Ägypten, als Schulschiff für Seeoffiziere am 13. Mai 1955 auf der Reise nach Kiel.

Aviso „Grille", Repräsentationsschiff der deutschen Kriegsmarine, beim Einlaufen in die Schleuse Brunsbüttel im Juni 1936.

„Hamburg", einst der Stolz der Freien und Hansestadt Hamburg. 1950 an einen Cuxhavener Schiffsmakler und einen Brunsbütteler Schiffahrtsbetrieb verkauft, wurde sie noch ein halbes Jahr im Post- und Passagierdienst nach Helgoland eingesetzt. Als Dampfer mit Kohlefeuerung unrentabel geworden, wurde die „Hamburg" aufgelegt und später als Werkstattschiff nach Holland verkauft.

Traumschiffe

Wer sie bei ihren Fahrten durch den Nord-Ostsee-Kanal sieht, gerät ins Träumen von Reisen in den hohen Norden in das Land der Mitternachtssonne, von einer Rundreise in die Mittelmeerländer, nach Südamerika, oder als Gast auf einem der Luxusliner in das exotische Fernost. – Wer möchte da nicht mitfahren?

Jahrzehntelang beherrschten die großen Dampfer mit den drei oder vier Schornsteinen das Bild, eingesetzt auf Vergnügungs- und Auswandererfahrten zwischen Europa und Amerika. Es gab Prestigerennen der Reedereien um das Blaue Band für die schnellste Atlantiküberquerung – und es gab grauenhafte Schiffskatastrophen, wie den Untergang der „Titanic" 1912 nach einem Zusammenstoß mit einem Eisberg.

Der technische Fortschritt veränderte bei den Fahrgastschiffen Aussehen und Antrieb. Das Flugzeug aber wurde zu einer starken Konkurrenz und verdrängte diese Schiffe immer stärker von den Meeren. An die Stelle von Wochen für eine Reise sind Stunden getreten. Geblieben aber sind die schwimmenden Hotels und ihre Kreuzfahrten in die Länder der Sehnsucht von Millionen.

Schnelldampfer „Columbia" der Hamburg-Amerika-Linie, an Bord der Deutsche Reichstag, am 20. Juni 1895 auf der Fahrt von Brunsbüttel zur Einweihung des Nord-Ostsee-Kanals in Kiel-Holtenau.

„Wilhelm Gustloff" als Lazarettschiff 1939 mit verwundeten polnischen Offizieren auf der Fahrt nach Rendsburg. – Im März 1938 von der Deutschen Arbeitsfront (Zwangsvereinigung aller Gewerkschaften) auf Ferienfahrten der NS-Gemeinschaft Kraft durch Freude (KdF) eingesetzt. 1939 zum Lazarettschiff umgerüstet. Am 30. Januar 1945 verließ „Wilhelm Gustloff", bis in den letzten Winkel vollbesetzt mit Verwundeten und Flüchtlingen, bei einer Lufttemperatur von minus 18 Grad Gdingen (Gotenhafen). In den Abendstunden die entsetzliche Katastrophe. Von drei Torpedos eines sowjetischen U-Bootes getroffen, versank das Schiff in kurzer Zeit in der eisigen Ostsee. Es sollen 6000 bis 7000 Menschen an Bord gewesen sein, von denen nur 922 gerettet werden konnten.

Begegnung im Nord-Ostsee-Kanal. Links die jetzt unter Liberia-Flagge fahrende schwedische „Kungsholm". Ihre Vorgängerin (rechts) wurde 1966 vom Norddeutschen Lloyd, Bremen, übernommen, auf den Namen „Europa" umgetauft und später nach Panama verkauft. 1981 in Spanien abgewrackt.

Eine Perle unter den Luxusli- nern ist die neue „Europa" von Hapag-Lloyd. Auf ihrer er- sten Reise, aus der Ostsee kom- mend, lief der Kreuzfahrer in den späten Abendstunden des 11. Juli 1982 in die Schleuse Brunsbüttel ein.

Ob bei Tag oder in der Nacht, wenn sich die Lichter im Wasser spiegeln, die schwimmenden weißen Hotels bieten immer ei- nen faszinierenden Anblick.

Ein häufiger Gast im Nord-Ostsee-Kanal ist die norwegische „Royal Viking Sky“ mit ihrem weit vorragenden Bug.

Traumschiffe des „kleinen Mannes“ sind die Fahrgastschiffe der Hadag, Hamburg, die auf Ausflugsfahrten nach Helgoland und in den Nord-Ostsee-Kanal eingesetzt werden.

Nostalgie – Dramatik

Die „Gorch Fock", das Segelschulschiff der Bundesmarine, ist häufiger Gast im Nord-Ostsee-Kanal, wenn sie auf ihren Ausbildungsreisen in See geht.

Große Segelschiffe haben von jeher eine ganz besondere Faszination ausgeübt, wenn sie unter „Vollzeug" lautlos vorübergleiten. Sie wecken Fernweh und zugleich Heimweh nach einer längst vergangenen Zeit. Einst waren sie die schnellen Frachtsegler, und es gab Reedereien, die bis zu 20 dieser Tiefwassersegler besaßen; sie waren aber auch Ausbildungsstätten der Handelsmarine und besonders der Kriegsmarinen für den Offiziersnachwuchs, wie heute noch die „Gorch Fock" der Bundesmarine. Wenn dieser „weiße Schwan" den Nord-Ostsee-Kanal passiert, ist er Anziehungspunkt für viele Menschen.
Schiffe, so auch Schulschiffe, werden einmal ausgesondert, wenn nicht ein tragisches Geschick ihr Dasein vorzeitig beendet.

Die Tradition der Ausbildung bei der Marine beginnt mit der „Niobe" I. 1848 in England gebaut, 1861 nach Deutschland verkauft. Die zweite „Niobe" nahm ein tragisches Ende. In Dänemark als Viermastschoner gebaut, wurde sie unter dem Namen „Nyholm" fahrend, vor Norwegen aufgebracht. Das war im Ersten Weltkrieg. In Deutschland zu einer Dreimastbark umgebaut, ab 1923 unter dem Namen „Niobe" Schulschiff für den Seeoffiziersnachwuchs der Reichsmarine.
Am 26. Juli 1932 befand sich „Niobe" mit insgesamt 109 Mann an Bord auf einer Ausbildungsreise von Kiel nach Königsberg (Ostpreußen). Eine urplötzlich auftretende Fallbö traf die unter Segeln stehende „Niobe" und drückte sie auf die Seite. In einem gewaltigen Strom drang das Wasser durch die offenen Niedergänge in die Wohn- und Unterrichtsräume. Nach etwa 90 Sekunden war das Schicksal der „Niobe" besiegelt. Nur 40 Überlebende konnten gerettet werden.
Ein ähnliches Schicksal traf die Kreuzer-Fregatte S. M. S. „Gneisenau", Schulschiff der Kaiserlichen Marine: Am 16. Dezember 1900 auf einer Ausbildungsreise ins Mittelmeer bei Malaga vor Anker liegend, geriet „Gneisenau" in einen Orkan und zerschellte an der Hafenmole. 41 Besatzungsmitglieder wurden ein Opfer der See.
Die Kreuzer-Korvette S. M. S. „Charlotte", die sich auch dort befand, geriet nicht in den Orkan, blieb aber noch eine längere Zeit an der Unglücksstätte, um nach Vermißten zu suchen. Erst im März 1901 traf

Die Kreuzer-Korvette S. M. S. „Niobe", das erste Segelschulschiff der Kaiserlichen Marine.

„Charlotte" in Kiel ein, wo der Kaiserliche Prinz Adalbert als Kadett an Bord ging.
Eine der größten Schiffskatastrophen, von denen die deutsche Handels-Segelschiffahrt getroffen wurde, ist der Untergang der Viermastbark „Pamir". Das Schiff geriet am 21. September 1957 WSW der Azoren in einen Hurrikan, kenterte und sank. Von den 86 Besatzungsmitgliedern, darunter eine größere Anzahl von Schiffsjungen in der Ausbildung, konnten nur sechs gerettet werden.
Das Schwesterschiff „Passat", das sich ebenfalls auf der Heimreise befand, wurde daraufhin aus der Frachtfahrt genommen und hat jetzt ihren Liegeplatz am Priwall in Travemünde gefunden. Dort dient die „Passat" der Schiffahrt weiter als schwimmende Schiffsjungenschule für den seemännischen Nachwuchs.
Ein Schiffsunglück, das nicht in die Reihe der großen Tiefwassersegler einzureihen ist, in seiner Dramatik jedoch alle, die es wohl vorausahnten, stark erschütterte. Es nahm seinen Anfang im Binnenhafen von Brunsbüttel. Dort traf am Abend des 20. Juni 1950 der Nachbau eines norwegischen Wikingerschiffes ein. 16 junge Schweden mit nur sehr geringen seemännischen Erfahrungen, befanden sich an Bord der „Ormen Friske" (Kräftige Schlange).
Die jungen Männer wollten bis zum 14. Juli, dem französischen Nationalfeiertag, in Paris sein. Mit Hilfe eines Stellsegels und durch Rudern glaubten sie, es schaffen zu können.
Am 21. Juni vier Uhr morgens nahm der schwedische Frachter „Scaraborg" die „Ormen Friske" in der Schleuse in Schlepp und nahm sie bis zum Feuerschiff „Elbe 1" mit. Von dort ab wollten die jungen Schweden allein weiter, um ihren ersten Anlaufhafen Rotterdam zu erreichen.
Bei Helgoland geriet „Ormen Friske" in ein Gewitter und wurde nicht mehr gesehen. Fünf Tote und Wrackteile des 24 Meter langen und fünf Meter breiten Schiffes konnten an der nordfriesischen Küste geborgen werden, ihre elf Kameraden blieben verschollen.

Viermastschoner „Nyholm", am Heck bereits die deutsche Kriegsflagge.

„Niobe" II. So sah die „Tyholm" nach dem Umbau aus. Der „weiße Schwan der Ostsee", der Stolz der Reichsmarine, fand ein tragisches Ende.

Die Fregatte S. M. S. „Gneisenau". Auch sie wurde ein Opfer der See.

Korvette S. M. S. „Charlotte" im Nord-Ostsee-Kanal. Ausbildungsschiff des Prinzen Adalbert.

Hoher Besuch. Kaiserin Auguste Viktoria besucht ihren Sohn Adalbert an Bord der „Charlotte".

Die „Passat" vor ihrer Überführung nach Travemünde im Binnenhafen von Brunsbüttel.

Das Wikingerschiff, von Kiel kommend, im Nord-Ostsee-Kanal.

Bei Cuxhaven am 21. Juni 1950. Noch besteht die Schleppverbindung mit dem Dampfer. Stunden später wurde die „Ormen Friske“ ein Opfer der Nordsee.

Ein Stück deutsche Geschichte

Wandelbar wie das Gesicht des Mondes ist die Geschichte. Doch sie erneuert sich nicht. Aus dem Heute wird das Gestern, und es bleibt nur die Erinnerung, auch an die Männer, die ihre Epoche prägten. Die Geschichte lehrt, was gut oder böse war, an ihrem Tun. Zwei Herrscher über ihre Völker waren Kaiser Wilhelm II. und Zar Nikolaus von Rußland. Einer verbrachte seinen Lebensabend im Exil in Holland, der andere wurde Opfer der russischen Revolution.

Fürst Otto v. Bismarck, erster Kanzler des Deutschen Reiches, war der Motor für den Bau des Nord-Ostsee-Kanals. 1890 wurde Bismarck gestürzt.

Großadmiral Alfred v. Tirpitz, Schöpfer der Kaiserlichen Marine, war von dem Plan besessen, die deutsche Kriegsflotte auf die Stärke der englischen Seemacht zu bringen.

Ferdinand Graf v. Zeppelin leitete mit seinen „Zeppelinen" eine neue Ära der Luftschiffahrt ein.

Adolf Hitler, „Führer des Großdeutschen Reiches". Sein „tausendjähriges Reich" begann 1933 und hatte nur eine Lebensdauer von 12 Jahren. Am Ende stand der Sturz Deutschlands in den Abgrund.

Auf der Rückfahrt von England trafen sich Zar Nikolaus von Rußland und Kaiser Wilhelm II. zu einem Gespräch auf der Zarenjacht „Schtandart" im Audorfer See. Der Zar in deutscher, der Kaiser (rechts) in russischer Uniform.

Der Lotse verläßt das Schiff . . .
(„Punch", London, März 1890) So wurde
v. Bismarcks Abgang in England beurteilt.

Nach seinem Sturz stand Bismarck in der Welt immer noch
in hohem Ansehen. 1896 besuchte ihn der chinesische Staatsmann
Li Hun Chang mit großem Gefolge in Friedrichsruh.

Großadmiral Alfred v. Tirpitz,
Schöpfer der Kaiserlichen Marine.

Ferdinand Graf v. Zeppelin, Pionier im Luftschiffbau. – Zu Weltruhm gelangten die Luftschiffe später mit der Fahrt um die Welt, zum Nordpol, den Fahrten nach Süd- und Nordamerika, wobei der Ozean mehr als fünfzigmal überquert wurde. Das Ende der deutschen Luftschiffahrt kam 1937 mit der Explosion des LZ 129 – „Hindenburg" in einem Gewitter im Luftschiffhafen Lakehurst/Amerika.

Das Luftschiff „Victoria Luise" 1912 über Brunsbüttel.

Adolf Hitler mit „seinem Seherblick in die Zukunft", im August 1935 auf dem Fähranleger Brunsbüttel.

Rudolf Heß (Mitte), Stellvertreter des „Führers des Großdeutschen Reiches", im Juni 1936 auf der Brunsbütteler Schleuse.

Von der Kaiserlichen Marine bis heute

Der Nord-Ostsee-Kanal ist in erster Linie für die Kaiserliche Marine gebaut worden. Durch eine künstliche Wasserstraße zwischen der Ost- und der Nordsee sollte erreicht werden, daß sich die beiden Kriegsflotten im Ernstfall schnell vereinigen konnten. Der sekundäre Grund, für die Handelsschiffahrt einen kürzeren Weg zwischen den beiden Meeren zu schaffen, ihr dadurch aber auch die gefahrvolle Route um Skagen zu ersparen, ist heute durch die weltpolitische Lage an die erste Stelle gerückt.

Im Laufe von mehr als einem Jahrhundert hat die technische Entwicklung Antrieb, Kampfkraft und Aussehen der waffentragenden Schiffe völlig verändert.
Viel politischer Staub wurde aufgewirbelt, als das erste nach dem Versailler Friedensvertrag zugestandene größere Kriegsschiff gebaut wurde.
Zu einem Zwischenfall kam es im Mai 1931 beim Stapellauf des Panzerschiffes A in Kiel. Das Schiff lief zu früh von der Helling, so daß der damalige Reichspräsident v. Hindenburg die Taufe auf den Namen „Deutschland" nicht vornehmen konnte. Das wurde von vielen als böses Omen gedeutet.
Am 29. Mai 1937 lieferte das Schiff Schlagzeilen für die Weltpresse. Im spanischen Bürgerkrieg zur Unterstützung des Franco-Regimes eingesetzt, wurde

S. M. S. „Deutschland", 1875 in England gebaut, 1894/96 umgebaut.

„Deutschland“ auf der Reede von Ibiza von Flugzeugen der Republikaner angegriffen. 31 Tote und 75 Verwundete.
Im Zweiten Weltkrieg, seit Februar 1940 unter dem Namen Schwerer Kreuzer „Lützow“ eingesetzt, zuletzt in der Ostsee. Bei Swinemünde dann Totalverlust nach Luftangriff und Sprengung durch die Besatzung.
Die viermalige Namensträgerin „Deutschland“, die Großkampfschiffe „Kaiserin“ und „Bismarck“ und Unterseeboote, die den Nord-Ostsee-Kanal auf ihren Fahrten benutzten und die Schiffe der Bundesmarine, die ihn auch heute noch passieren.
Von den U-Booten stellte eines die Welt vor ein Rätsel mit der Frage: Wie war das möglich? Es war das auf der Germania-Werft in Kiel gebaute Unterwasser-Frachtschiff „Deutschland“ der Deutschen Ocean-Reederei Bremen.

S. M. S. „Deutschland“ nach dem Umbau.
Im Dezember 1897 Auslandskommando nach Ostasien.
Kommandant und Geschwaderchef
Prinz Heinrich von Preußen, Bruder von Kaiser Wilhelm II.

S. M. S. „Deutschland", Linienschiff, auf Geschwaderfahrt im Nord-Ostsee-Kanal.

Panzerschiff „Deutschland"/ Schwerer Kreuzer „Lützow". Erster Neubau nach dem Weltkrieg 1914/18 mit der erlaubten Höchstgrenze von 10 000 Tonnen. Das „Taschen-Schlachtschiff" setzte völlig neue Maßstäbe im Bau von modernen Kriegsschiffen und erregte Aufsehen in aller Welt.

Ein gern gesehener Gast in den Häfen des Kontinents und in Übersee ist das Schulschiff „Deutschland" der Bundesmarine.

S. M. S. „Kaiserin", das erste Großkampfschiff der Kaiserlichen Marine, das am 25. Juli 1914 von Wilhelmshaven kommend, den Nord-Ostsee-(Kaiser-Wilhelm-)Kanal passierte. Eine Bestätigung für die Admiralität, daß der „neue Kanal" jetzt von Kriegsschiffen aller Größen durchfahren werden konnte.

Schlachtschiff „Bismarck". Die etwas unscharfe Aufnahme ist unter schwierigen Bedingungen gemacht worden, denn im Zweiten Weltkrieg war es unter Androhung schwerster Strafen verboten, im Bereich des Nord-Ostsee-Kanals zu fotografieren. – „Bismarck" ist am 27. Mai 1941 im Nordatlantik von englischen Schlachtschiffen, Kreuzern und Torpedoflugzeugen versenkt worden. Von der 2092 Mann starken Besatzung konnten nur 115 gerettet werden.

Der Ur-Typ der deutschen Unterseeboote, „U 1", legte im Sommer 1907 auf einer Übungsfahrt von Kiel durch den Nord-Ostsee-Kanal in die Nordsee um Skagen nach Kiel 587 Seemeilen mit eigener Kraft zurück. Ein Triumph für die U-Bootbauer; denn den Rekord von 300 Seemeilen hatte bis dahin ein französisches U-Boot gefahren.

Günther Prien und seine Mannschaft auf „U 47" von einer Einsatzfahrt zurück. Erster Anlaufhafen war meistens Brunsbüttel. Die Wimpel bedeuten die Anzahl der versenkten Schiffe mit einer Tonnage von 66 587 (am Turm). – Am 7. März 1941 ging „U 47" in einer Geleitzugschlacht im Nordatlantik mit der gesamten Mannschaft verloren.

So sahen die U-Boote Anfang des Krieges 1939/45 aus. Trotz rapide steigender Verbesserungen an Kampfkraft und Tauchtiefe gehörten die Unterseeboote zu den Waffengattungen mit den höchsten Verlusten.

„U 26“ – S 175 (NATO), Verdrängung Überwasser 450 t, bei Unterwasserfahrt 600 t. Die U-Boote der Bundesmarine heben sich nur wenig von der Wasseroberfläche ab.

Das Unterwasser-Frachtschiff „Deutschland", Kapitän Dr. Paul König, nach seiner sensationellen Amerikafahrt. Vollbeladen mit kriegswichtigen Gütern kehrte es in die Heimat zurück. (Repro aus „Welt im Bild" – Sonderausgabe Hamburger Fremdenblatt vom 6. September 1916).

Kontraste

Im Februar 1902 machte der Hamburger Dampfer „Cassius" im Binnenhafen von Brunsbüttel fest. In den Boxen 342 Pferde, die für das deutsche Militär in China bestimmt waren, dort aber nicht mehr benötigt wurden. In zwei Güterzügen endete die Reise im Lockstedter Lager. September 1978. Der US-Transporter „Meteor" löschte Panzer für das NATO-Manöver Bold Guard. – Mehr als die gesamte Kraft der 342 Pferde stecken in einem der Kampfwagen.

Zu Hunderten standen Schaulustige, als im Juli 1919 der erste Dampfer mit ehemaligen Kriegsgefangenen und Internierten in Brunsbüttel eintraf. Bis Januar 1921 waren es 29 Transporte mit insgesamt 28 291 Heimkehrern, unter ihnen 1177 Zivilpersonen. Sie kamen aus mehr als zehn Ländern.

Auch heute stehen Schaulustige auf einer Aussichtsplattform; aber es sind Ausflügler und Touristen, die den Schiffsverkehr beobachten.

Zweimal die Größten. Ausgerechnet 200 Teilnehmern einer internationalen Schiffahrtstagung mußte es passieren, daß ihre Schiffsreise von Bremen nach Kiel in der Elbschleuse endete. Die Fahrgäste mußten mit einem Extrazug nach Rendsburg fahren. Von dort ging es dann mit einem Schiff weiter. Der Grund war, daß für den 10 000 BRT großen, 150 Meter langen Dampfer „Rhein" die Schleuse – jetzt die alte – um 25 Meter zu kurz war. Das Schiff mußte rückwärts wieder auf die Elbe geschleppt werden.

Anders dagegen der jugoslawische Massengutfrachter

Der Dampfer „Cassius" brachte Pferde aus China. 342 überstanden die lange Reise ohne Schaden, 26 wurden Opfer einer Sturmfahrt durch die Biscaya.

„Sutjeska", der mit seinen 38 551 BRT und 228 Meter Länge als das bisher größte Frachtschiff bezeichnet wird, das den Nord-Ostsee-Kanal passierte. – Die Neuen Schleusen mit der Nutzlänge von 310 Meter waren kein Problem für das Schiff.
Ein Novum die beiden Flettner-Rotorschiffe „Buckau" und „Barbara".
Wirtschaftliche Gründe waren ausschlaggebend für Anton Flettner, den Magnus-Effekt, eine Entdeckung des Professors über den Einfluß der Luftströmung auf einen rotierenden Körper, für die Schiffahrt nutzbar zu machen. Die Kieler Germania-Werft setzte 1924 zwei hohe dünnwandige Stahlzylinder, die durch ein dieselelektrisches Aggregat in Bewegung gesetzt werden konnten, auf den Rumpf eines Segelschiffes. Durch die rotierenden Zylinder entstand eine das Schiff vorantreibende Schubkraft. Bei Windstille erfolgte der Antrieb durch einen Dieselmotor und die Schiffsschraube.
Die Erfolge waren anfangs vielversprechend, auch bei dem mit drei Rotoren bestückten Schwesterschiff „Barbara". Im Vordergrund standen dabei Einsparung von Energie und Arbeitskraft. Eine Weltsensation, das „Walzensegel", war perfekt. Doch der immer weiter verbesserte Dieselmotor ließ die beiden Rotorschiffe bald wieder in der Versenkung verschwinden.
Aufsehen erregte auch der russische Kreuzer I. Klasse, „Askold". Das auf der Germania-Werft in Kiel gebaute Schiff lief 23 Seemeilen in der Stunde. Bei der Fahrt von Kiel nach Hamburg standen die Menschen an beiden Ufern des Nord-Ostsee-Kanals und bewunderten die „Askold" mit ihren fünf Schornsteinen.
Die neue Zeit zeichnete sich bereits nach dem Ersten Weltkrieg ab. 1922 waren schon die Vorläufer des technischen Umbruchs zu beobachten. Das galt besonders für die Schiffahrt. Neben dem Schleppzug mit den vom Wind abhängigen Segelschiffen und dem Dampfer, das frei fahrende Küstenmotorschiff, das eine lange Zeit unter der Bezeichnung Segelschiff mit Hilfsmotor lief.
Hundert Jahre nach der Grundsteinlegung zum Bau des Nord-Ostsee-Kanals prägen Schiffe mit Motor oder Ölfeuerung das Bild.

Im Laderaum des amerikanischen Transporters viele tausend Pferdekräfte geballt in Motoren der Panzer.

Menschentrauben auf dem Schiff und auf der Schleusenmauer. – Heimkehrer aus der Kriegsgefangenschaft – und Schaulustige.

Von den Zuschauern auf dem Podest oder von dem Offizier auf der Back des Schiffes aus gesehen, sieht die Welt anders aus. – Es kommt nur auf den Standpunkt an.

Ein Schiff ist nun einmal keine Faltschachtel, die zusammengeschoben werden kann. – Der Dampfer „Rhein" hatte 25 Meter Länge zuviel für die heute Alte Schleuse und mußte zurück auf die Elbe.

Für die Neue Schleuse waren die 228 Meter Länge des Bulk Carriers kein Problem.

Eine Sensation für die Weltschiffahrt waren die beiden Flettner-Rotorschiffe „Buckau" und „Barbara" (Bild) vor 63 Jahren.

Schwarz aufsteigender Rauch war für die alten Chinesen soviel wie der Teufel. Je mehr Schornsteine ein Kriegsschiff hatte, um so größer war ihre Angst vor seinen Teufeln im Leib. – Der russische Kreuzer „Askold" glich eher einem Passagierdampfer als einem Kriegsschiff.

Auch hier stecken Teufel drin. Ein an Libyen verkauftes russisches Raketen-Schnellboot im Nord-Ostsee-Kanal.

Den Wandel der Zeit kann nichts besser veranschaulichen, als dieses Foto aus dem Jahre 1922. Drei Generationen nebeneinander im Nord-Ostsee-Kanal. Der Schleppzug mit den vom Wind abhängigen Segelschiffen, der Dampfer mit den kohlefressenden Kesseln, und rechts das Küstenmotorschiff. Der Motor hatte bereits seinen Siegeszug angetreten.

Ein heute alltägliches Bild auf dem Nord-Ostsee-Kanal. Ausdruck einer langen Entwicklung in der Schiffahrt.

Hafenimpressionen

Pulsierendes Leben im Hafen – Herzschlag der Wirtschaft. Wo könnte die Leistungskraft eines Landes wohl besser veranschaulicht werden als in seinen Häfen; sei es an den Küsten oder auch in weit entfernten Regionen. Sie sind die Tore zur Welt.
Das gilt nicht nur für die großen Seehäfen Hamburg und Bremen, für Flensburg und Lübeck, oder den größten Binnenhafen Europas, Duisburg, das gilt auch für die Umschlagplätze am Nord-Ostsee-Kanal, Brunsbüttel, Rendsburg und Kiel.
Eindrücke einst und heute in Bildern festgehalten.

Als die Zeit noch geruhsam war, da hatte man noch Muße für einen Klönschnack bei einem Pfeifchen Tabak.

Ein anderes Bild: Die Luken voll Getreide, warten die Kümos auf den Umschlag ihrer Ladung in die Lagerhäuser.

Der Schleusendampfer verholt Segelschiffe in den Binnenhafen, wo sie zu einem Schleppzug nach Kiel-Holtenau zusammengestellt werden. – In der Südschleuse warten Dampfer auf die Ausfahrt zur Elbe.

Wie anders das Bild in unserer Zeit. In der Neuen Schleuse das Ro-Ro-Schiff und an der Mittelmauer der Oldtimer „Ospray". In Norwegen von einer amerikanischen Studentengruppe gekauft, soll der Rahschoner für eine lange Weltreise umgebaut werden.

Aus einer Zeit, als alles noch unter der Dampfmaschine lief – Ein Havarist wird eingeschleppt.

Im Ölhafen Brunsbüttel. Einer kommt, ein anderer geht. – Die Festmacher haben die Leinen des Tankers von den Pollern an Land gelöst, jetzt geht es zu einem neuen Auftrag.

Nach mehr als 50 Jahren war auch die Zeit der großen Krane abgelaufen.

Die großen Stahlkonstruktionen wurden verdrängt von einer neuzeitlichen Verladeeinrichtung im Landeshafen Ostermoor. Über Top geflaggt das erste Schiff, das eine Ladung Schüttgut des Düngemittelwerks übernimmt.

Hoch am Haken des Schwerlast-Schwimmkrans „Magnus III“ hängt das Leuchtfeuer für die Mole 4. Molenkopf und Turm waren durch Schiffe beschädigt worden.

Mit zwei Kopf- und einem Steuerschlepper, dazu das Schubboot „Butt“, wird ein repariertes Schiebetor „rechts um die Ecke“ in die Neue Schleuse verholt.

Auch das gehört zum Alltag. Nicht nur, daß die Schleusentore wiederholt beschädigt werden; das passiert meistens dadurch, daß beim Einlaufen eines Schiffes die Umsteuerung der Maschine versagt. Auch bricht mal ein Gestänge, wie hier beim Ebbtor der Alten Schleuse. Der Schwimmkran „Saatsee" des Maschinenbauamtes Rendsburg muß den Torflügel auswechseln.

Ein besonderer Mut zum Risiko gehörte 1926 dazu, ein mit dem Nord-Ostsee-Kanal zusammenhängendes Unternehmen aufzubauen. Ein kleines Ruderboot war der Grundstock. Hilfe beim Festmachen von Schiffen und deren Belieferung mit Proviant waren der Anfang. Lösch- und Verladearbeiten kamen hinzu. Es lief wie bei einem Tidenstrom; Ebbe und Flut wechselten, bis das Unternehmen in ruhiges Fahrwasser einlief und schnell zu wachsen begann. Die Ernte eines kleinen Schiffahrtsbetriebes in zweiter Generation ist eine Flotte von Schleppern, Festmacherbooten und anderem schwimmenden Gerät im Dienst der Schiffahrt.

Wie vor knapp fünfzig Jahren, als dieses Foto aus Anlaß eines 25jährigen Dienstjubiläums entstand, so gehören auch heute noch Bleisohlen, Bleigürtel und Kupferhelm zur Ausrüstung eines Tauchers. Die Zufuhr der Atemluft ist von der Handpumpe auf Automatik umgestellt worden. Neben Helm- werden jetzt auch Schwimmtaucher eingesetzt. Auch das Arbeitsgerät hat ein anderes Aussehen bekommen. An die Stelle des auf Schlepperhilfe angewiesenen Taucherprahms ist ein wendiges, frei fahrendes Fahrzeug mit der Neuzeit angepaßten Einrichtungen getreten.

Hochbetrieb im Rendsburger Kreishafen.

Das Gelände unter der Hochbrücke nach der ersten Kanalerweiterung 1907–1914, bevor der Kreishafen entstand.

Eiswinter

Die völlige Vereisung des Nord-Ostsee-Kanals, und damit verbunden der Ausfall der Schiffahrt, beschäftigte bereits 1895 Naturforscher auf einer Tagung in Lübeck. Sie stellten Prognosen, daß durch eine langsam eintretende Versalzung des Wassers diese Gefahr gering sei. Das über den Zufluß aus Wasserläufen und von anliegenden Ländereien an sich süße Kanalwasser werde durch den ständigen Zustrom von salzhaltigem Ostseewasser durch die fast immer offenstehenden Schleusen in Holtenau eine starke Eisbildung verhindern oder hinausschieben. Zudem sei dieses Eis leichter und poröser und von den Schiffen besser zu brechen, so daß es mit der stets leichten Strömung des Kanals durch die bei Ebbe geöffneten Brunsbütteler Schleusen in die Elbe getrieben werde.

Der Winter 1896/1897 belehrte die Naturforscher jedoch eines Besseren. Der Nord-Ostsee-Kanal trug eine dicke geschlossene Eisdecke. Der Querverkehr konnte nur dadurch aufrechterhalten werden, daß für die Zugfähren Arbeitskolonnen mit langen Eissägen und Haken eine schmale Rinne freihielten.

Der besonders harte und lange Winter 1928/29, bis Mitte März, führte zur völligen Vereisung des Nord-Ostsee-Kanals und der Kieler Förde. Eine große Anzahl von Schiffen mußte überwintern.

Aus einer langen Reihe von harten Wintern einige Bilddokumente:

Mit vereinten Kräften und nur mühsam haben die Fährmänner den Prahm an das andere Ufer gezogen. – Im Hintergrund die Eiskolonne.

Februar 1922. Eine Fahrt im Auto und ein Spaziergang auf dem Eis des Nord-Ostsee-Kanals; ein denkwürdiger Anlaß für ein Erinnerungsfoto.

Der seit 1896/97 härteste Winter brachte 1928/29 die gesamte Schiffahrt im Nord-Ostsee-Kanal wieder zum Erliegen. Im meterdicken Schubeis des Binnenhafens von Brunsbüttel hieß es für viele Schiffe überwintern.

Die Unebenheiten auf dem Eis beseitigt, Schlacke und Sägemehl aufgeschüttet, und schon war die Eisstraße über den Nord-Ostsee-Kanal fertig, über die der gesamte Verkehr bis Mitte März 1929 lief.

In Kiel war die Marine Nothelfer. Matrosen eines Linienschiffes versorgten vom Eis eingeschlossene Schiffe mit Kohle für Kammern und Kombüsen.

Die Hilfe kam Mitte März 1929 aus dem Osten. Die beiden russischen Eisbrecher „Truvor“ und „Jermak“ brachen in tagelanger Fahrt von Holtenau nach Brunsbüttel das meterdicke Eis; die Schiffahrt kam langsam wieder in Bewegung.

Auch der Winter 1962/63 hatte es in sich. Nur Schiffe mit sehr starken Maschinen konnten sich mühsam einen Weg bahnen. In Brunsbüttel mußten riesige Eisberge aus den Fährbuchten gebaggert werden, um ein Einlaufen der Fähren mit Hilfe von Schleppern zu ermöglichen.

Auf der Strecke wurden nach Passieren eines Schiffes Holzstege auf das Eis gelegt, damit Fußgänger den Kanal überqueren konnten.

Der Winter 1978/79, in dem Schleswig-Holstein in Schnee und Eis versank, war der Tod für unzählige Wasservögel. Festgefroren oder mit dicken Eisklumpen an den Füßen starben allein Hunderte von Bleßhühnern an Entkräftung.

Dampfeisbrecher „Stettin", 836 BRT, Maschinenleistung 2200 PS. – 1933 in Dienst gestellt und auf der Oder und dem Stettiner Haff zwischen Stettin und Swinemünde eingesetzt. Nach dem Zweiten Weltkrieg stand der Eisbrecher von 1947 bis 1981 im Dienst der Wasser- und Schiffahrtsverwaltung Hamburg. Das Ende stand unmittelbar bevor. „Stettin" sollte verschrottet werden. Männer, die dieses einmalige Kultur- und Technikdenkmal retten wollten, nahmen im „Förderverein ‚Stettin'" ihre Arbeit auf. Ein Stück Zeitgeschichte lebt als größtes fahrendes Museumsschiff weiter.

Das Foto zeigt das ursprüngliche Aussehen des Dampfeisbrechers „Stettin". Auf der Fahrt von Hamburg durch den Nord-Ostsee-Kanal nach seinem neuen Heimathafen Lübeck im Jahre 1982 präsentierte sich der Eisbrecher mit nur zwei baulichen Veränderungen. Der vordere Mast mußte einem Dreibein-Radarpodest mit aufgesetzter Stenge weichen, und die veralteten Bootsdavits wurden durch Schwerkraftdavits und Kunststoffrettungsboote ersetzt.
Im Winter 1985, bereits Museumsschiff, kam „Stettin" in der Ostsee noch einmal zum Einsatz.

*Die Schleusenanlagen in Brunsbüttel mit den gegen die starke Strömung der Elbe weit vorgeschobenen Molen.
Rechts die Alten Schleusen, am 20. Juni 1895 eingeweiht.
Links die nach der Verbreiterung des Nord-Ostsee-Kanals 1914 eingeweihten Neuen Schleusen.*

Die Schleusenanlagen am Nord-Ostsee-Kanal

Ein Blick auf die Schleusenanlagen in Holtenau, von der Kieler Förde aus gesehen.
Auch hier rechts die etwas von Bäumen verdeckten Alten, links die Neuen Schleusen.
Im Hintergrund die beiden Holtenauer Hochbrücken.

Der Kieler Hafen im Jahre 1895.